生涯学習まちづくりの人材育成

人こそ最大の地域資源である！

瀬沼克彦

コミ活！

地域未来を拓く

日本地域社会研究所

はじめに

いつの頃からか、「まちづくり、人づくり」という言葉が、口当たりの良い標語として、各地の首長やいろいろの所で頻繁に使われているが、深く考えてみても、まことに奥の深い意味を持った言葉である。私もこの数年、暮らしやすく住み良いまちを創るには、人をつくる以外に方法がないと考え担い手の育成、支え手の養成にかかわることを重視して生きてきた。

私も従来、旧組織として、地域には、町会、自治会、老人会、婦人会などが存在して、それぞれの役割を担ってきたが、住民の意識変化、加入者の減少などで地域とのかかわり度合いが弱体化してきている。

一方、新しい組織として、昭和20年代、30年代にコミュニティリーダー、48年のオイルショク以降、文化活動リーダー、スポーツリーダー、体育指導員等が台頭してきた。また、平成に入ると、各種ボランティアリーダー、健康生きがいアドバイザー等多様なリーダーが登場してきた。

これらのリーダーは、各地域でそれぞれの役割を持って活動しているが、町会など旧組織に代わって地域づくりの中核を担うレベルには到達している所は少ない。どうしたら、地域の中核をにない、多くの組織や団体を結集し、地域づくりに貢献できるようになるためには、どうしたら良いのか。

とても大きな問題で何年研究しても容易にしかるべき回答を得ることは難しい。そこで、私は、本書で、リーダーや支援者に限定して人材育成の必要性、人材育成の主体、学習団体の活性化、先進事例にみる活性化方策、人材育成の課題など5つの視点で、、この数年の間に書き留めた原稿を1冊にまとめることを思い立った。

本書で、追求しようというリーダーは、したがって、限定的でリーダー一般論を論じることはできない。第1は行政単独の養成のリーダーは扱っていない。住民単独か協働のものという条件である。第2は、行政職員のリーダーである社会教育主事とか公民館主事などは除外している。第3は、リーダーは役割で分類すると講師というアマチュアの一芸リーダーと、講座や教室を開設したり運営したりするコーディネーター役の人、学習グループをアドバイスしたり、育成をする人など二種類の人がいる。

これらの役割の中で地域が育成に力を入れているのは、コーディネーター、サポーターである。この人達の育成がどこの地域でも最も力が入れられているから本書でも、それらのリーダー層の現実を多角的にデータ収集、現地取材をおこなってみた。その結果よりわかったことは、人材の養成、育成はもちろん簡単なことではなく、様々な問題や難点があり、それを一つずつ克服、解決していかなければならないということである。

しかし、それ以上に難しいのは、出口（養成後の活躍の舞台、出番）が存在するかということである。これまでの現場は、自治体にしても団体にしても、このことにあまり力を入れて来なかった。私が入口論と呼んでいる人材の養成、講座にほとんどの力と時間をかけて、出口と呼んでいる養成後のことを考える余裕がなかったのである

現在、高学歴の普及でリーダー、講師を務めたいという住民が実に増えてきた。これに伴って、自治体は予算難と定員削減で講座などの提供力は弱まっているが、各種団体、住民団体の供給力は、大幅に増加している。講座、学級、イベント等は明らかに供給過剰の状態である。せっかく苦労して人材育成講座を長期にわたって学んだとしても、出番が得られなくて、宝の持ち腐れの状態が増えている。このことが解決しないと、学んだ成果が生かされないし社会的にも損失が大きい。この課題は、私にとっても、これから本格的に着手しなければならない事柄である。

ともあれ、本書はこうした問題意識と経過で取りまとめた論稿である。以下で構成と初出掲載について記しておきたい。

第1章地域の人材育成の必要性は、4本とも書き下ろしである。第2章先進事例にみる地域人材育成も同じく書き下ろしで、第3章地域にみる学習団体の活性化も書き下ろしである。第4章地域の人材育成の主体は、一まちを元気にするシニアの地域活動は、「公明新聞」平成26年1月から4月の連載記事で、二、三、四は書き下ろしである。第5章地域の人材育成の課題の一市民主導の生涯学習と施設運営は『社会教育』平成26年8月号、二高齢者の生きがい就労と今後の課題は、「エルダー」平成26年8月号、四は書き下ろしである。

以上、依頼原稿は、5本で、本書の大部分は、前著『地域をひらく生涯学習』を本年2月に刊行後、10月までに執筆した論稿で、構成した。昨年も一昨年同様に日中は35度以下に気温下がらない日が続き、加齢と共に暑さが身にしみる状態であった。

拙い本書がそれぞれの地域で、頑張っている学習や地域活動のリーダーが活動を進めていくのに、少しでも役立ってもらえたらと願っている。また、こうした住民主体の活動が自治体の担当者にとって協働、連携の機会がますます増えているので、本書が使ってもらえたらと思う。

本書の刊行を引き受けてくれた日本地域社会研究所の落合英秋社長には、平成10年以来、数多くの拙著を出してもらって深く感謝している。

平成26年12月

瀬沼克彰

目次

第5章　地域の人材育成の課題

第1章　地域の人材育成の必要性

一　住民の人材育成講座のねらいと課題

　地域の生涯学習を活発化させるために、住民主導にしても行政と住民の協働を進めるためにも人材の育成が最も重要であると機会あるたびに話してきた。さしずめどこから着手するか。平成4年に最初に着手したのは、宇都宮大学の公開講座の1講座としてプログラムを作成し、県の支援を受けて開設した。

　これが定員の3倍の受講生が集まり、これは、地域住民の中のオピニオン層に強いニーズがあることを確信し、2番目に自治体主催の開設を親しく付き合いのある鹿沼市に出向いて説得して、開設にこぎつけた。1つ2つの市で、良い成果を出すと、後続の市も手を挙げてくれるようになり、この20年間で、各地で養成講座を運営することができた。以下で、その目的、運営の経過、成果そして、課題などについて体験記録を書いておきたい。このテーマは、もっと多角的に探究し改善につとめて、よりレベルの高いものにしていかなければならないと思っている。

1　人材育成講座の重要性

私が自治体の生涯学習の推進者として住民を強く考えるようになったのは、旧文部省に招かれて、国の基本方針が社会教育から生涯学習に変換されて以後のことである。社会教育は、昭和20年代は、住民主導で全国各地で進められていた。ところが、戦後の復興がある程度は達成された30年代になると、経済の高度成長も急激になされて、行政の予算も社会教育にまわって来るようになった。

施設、建物といったハード面も整備され、専門のスッタフも配置され、教室、講座などの学習機会提供も自治体が提供するようになり、住民主体の方式は、大きく変わっていった。40年代も、この傾向は、さらに促進され、住民は、いつの間にか、自分達が主役になって、社会教育を支えていくのではなく、自治体のサービスの客体として、学習機会の消費者で満足するようになってしまった。

この時代が途中で、昭和48年のオイルショックが起こったが、すぐに回復したので、50

年代につづき、60年代に突入した。60年代に入ると、高度経済成長にかげりが見えてきて、国は教育全体のこれまでの進め方を抜本的に改革し、新しい方策を提案した。これが、総理直轄の「臨時教育審議会」（臨教審）で、平成3年に最終答申が出て、社会教育から生涯学習への改革が着手された。

答申をつらぬく根本的な考え方は、官主導から民への主体の移行であった。臨教審は、民として、企業が全面に出ることを示唆した。私も新しい局（生涯学習局）のスタッフとして民間カルチャーセンター、スポーツクラブ、学習塾、大学公開講座、外国語学校などの振興のための施策提案、できるところからの着手などの仕事に取り組んだ。

しかし、企業ベースの振興策は、着手してみると、大都市、一部の資産家などには当てはめることができたが、地方在住者、多くの勤労者、退職者などは、学習から疎外されてしまうことが、すけて見えた。国も企業ベースの推進策は、引っ込めて、新しい民間主導の方策を模索することになった。いくらスタッフとして考えてみても、特効薬が容易に見つけることは難しかった。

私は、これからの生涯学習の推進は、民間といっても、企業ベースではなく、地域で暮らす住民こそが、自分達の問題として、幼児から高齢期に至る生涯学習の担い手として、また学習機会の消費者から、A.トフラーの言う生産消費者（プロシュマー）になる必要があり、住民以外に推進者、サポーターになる人は存在しないと思うようになった。

これを実践するには、役所に勤務して、スタッフとして企画立案、連絡調整、情報の収集と解析だけをやっていたのでは、永久に不可能である。しかるべき実践のできる現場に身を置かなければならないと心がけていた。そこに、降ってわいたように、宇都宮大学が、日本で最初の国立大学付属の施設として生涯学習教育研究センターを開設することが決定し、専任教官の募集が始まったという情報を得た。

さっそく、転任希望を出したところ、運良く採用となり、文部事務官から文部教官への配置換えの許可が降りた。平成3年11月1日付けという年度途中で、同年度に動いていたプロジェクトを止めて、宇都宮へ転任した。まず、何をおいても、最初に着手したかったのは、住民の生涯学習を推進する人材の育成で、対象は、住民の実践者と市町村で担当している職員の育成であった。

同年度内に、人材育成講座の企画概要を作成し、関係者へのPR、理解促進のために、栃木県庁、周辺の自治体、新聞社、商工会議所などを訪問し、説明をおこなった。私の認識では、この種の講座、学級、セミナーを実施した機関はなく、まして、国立大学では皆無であると思っていた。講座の概要については、これまでに、詳しい報告をしているので、ここでは再掲しないが、平成4年5月から翌年3月まで全15回、定員30名に対して県生涯学習課の支援、マスコミへの記者発表会を開催したおかげで、3倍の申し込みがあった。

参加者には個別面接をおこなって、初めに実践テーマ一つを立てて、1年かけて、3月に最終発表してもらい、センターで刊行する「研究報告書」に実践記録を書いてもらった。同じ手法で、自治体職員向けの講座も研究発表、報告書への執筆を依頼した。最初の試みは、予想した以上の成果となって実らせることができた。以後、平成9年3月宇都宮大学を退職するまで、この2つの講座をつづけることができた。後任の佐々木英和准教授が、現在も内容を変えて開催している（詳しくは、同センター『22年のあゆみ』平成25年3月刊を参照）。

2 各地で開設された人材育成講座

住民の生涯学習推進者を育てたいという試みは、最初の取り組みが成功したので、当時、最も熱心であった鹿沼市に講座の開設を打診してみた。宇都宮大学の講座に最も多くの参加者を出してくれたのが、人口10万人のこの市であったので、市も独自に推進者・支援者を育成したいと強く希望していた。

両者の意志は円滑に運んで、平成５年度に、全10回、毎月１回、「生涯学習ボランティア養成講座」（ＧＬＡＤ）として、市主催で開催されることになった。ここでも、講師の一方通行の講義中心の運営でなく、実践と支援に役立つプログラムとして、最終の３月には、発表会を開催し、レポートを提出してもらって審査し、資格を授与した。この講座は３年間で終了したが、修了者による自主講座は、その後もつづけられて、生涯学習施設を拠点として、市民大学の企画・運営を委託されて活躍している。

私は、平成９年４月に桜美林大学に転職するまで、鹿沼市を中心として、県下の氏家町、大平町などで同様の人材育成講座を開設してもらい、ＯＢ会を必ず立ち上げて、住民主導の講座提供にかかわらせてもらった。

平成９年に桜美林大へ移って、12年から同大生涯学習センターの責任者に任命されたので、国立大学ではなく、私立大学の施設を活かした住民の人材育成講座を開設したいと思い、町田市、相模原市の協力を得て準備作業をおこない、12年５月から「生涯学習コーディネーター養成講座」(前期、後期各全10回)をスタートさせた。参加者はリピーターが多かったので、毎年テーマとプログラムは変える必要があり、講師は私1人で担当したので、運営は大変な面があった。ただ、熱心な受講者も多く、平成12年から16年の5年間、学習する人が少なくなく、大学院のゼミと同じ進め方をした。事実、受講者の数人が正規の大学院へ進学し修士号を取得した人も出てきたし、聴講生、科目等履修生も数多く出た。

その後、この修了者が中心になって、講座のOB会として、NPO「学びサポート研究会」(宍戸佳子代表)を組織して、広域で人材育成講座、住民への学習提供などの活動をおこなっている。1人1人のメンバーは、地元の町田市、相模原市、八王子市へ戻れば、地域のサポーターとして、いなくてはならない人材に育っている。

桜美林大の人材育成講座は、その後、相模原市や町田市、八王子市などが、同程度の講座を無料で、講師はほぼ同じ顔ぶれということで、受講者が、そちらの自治体主催の方に移っていったため、受講者が集まらなくなって、中止せざるを得なくなった。

大学公開講座の中で、その後、いくつかの大学と同様講座を開設したが、受講料も高額のため、受講生を集めることが難しく、5年継続できたものはないように思う。したがって、この分野は、どうしても自治体が予算をもって、既存の講座の場合は、住民団体、OB会などが運営を担当するという行政と住民の協働が、理想的な形となった。

私が、企画段階から協力を求められて参画した地方自治体には墨田区（平成10～13年）、山形県米沢市（平成13～15年）、八王子市（平成15～25年）、あきる野市（平成17～現在）、相模原市（平成17～21年）、厚木市（平成15～現在）、立川市（平成19～23年）、府中市（平成16～20年）、町田市（平成20～23年）、稲城市、小田原市（平成20～24年）などがある。

これらの詳しい概要については、何冊かの拙著で紹介しているので、ここでは、内容については省略する。残念ながら、数年間つづけることができずに単発で終わってしまったのは、さいたま市、上尾市、日野市など数多くある。中止の最大の課題は、受講者募集が円滑にいかずに、募集定員に達しないケースである。

こうした、住民の人材育成として、生涯学習コーディネーター、サポーター、リーダーなど名称は、各自治体の特徴を活かして、名称を付けているが、私は、名称は、あまりこだわらなくて良いと自治体にアドバイスしている。

大事なことは、毎年つづけることと、講座を単に個人の学習として受けとめて、終了後、ＯＢ会など実践活動にノータッチの人が少なくないことの改善である。いずれの地域でも、毎年、講座が終了に近づいた時に、最も注意し、力を尽くしているのは、ＯＢ会への加入である。10年前も現在も、修了者の半数を確保できなく、最善で3分の1ということも、しばしば起きているのである。

3　ＯＢ会に加入するか、ＯＢ会を作るか

人材育成講座をおこなって、自治体として、どのような成果を得ることができるか、私の考えは、修了証を渡して、人材登録してもらい、ＯＢ会を作ることを支援し、自治体で学んだことを活用して、一般市民をサポートしてもらうことである。

ここで、自治体が取り組むことは、人材登録してもらうところまでが望まれる。既に述べたように、育成講座を受講に来て、修了証をもらって、ＯＢ会に入会しない人は意外に多い。「なぜ入会しないのですか」と聞くと、ほとんどの人が、最初から、「教養勉強できた。地域に入って活動をする考えは少ない」と答える。

受講のお知らせのなかで、どこの自治体も限らず、終了後、地域での活動をしてもらいたいことと、公費を使って受講者には無料で提供するので、市民へのサポートを願うということは明記しているにもかかわらず、どこの自治体でも半数の人は無視するし、無料で良い勉強になったと帰っていく。

私は、何とか1人でも多くの修了者にＯＢ会への加入を促し、時には、アンケートなどに、「ＯＢ会への勧誘がしつこい」と言われても、講座の話の中でも、機会があるたびにＰＲをしている。

近年、そのために、講座が終了する2回前に、ＯＢ会の代表やリーダー達に説明に来てもらって、あらかじめ作成しておいたパンフレットに基いて説明をしてもらい、入会の手続申込書を配布して、最終回の修了式の帰りに、申込書を出してもらうようにしている。

ＯＢ会は、このようにして、毎年、新人のリクルートに努力しているが、引越しで退会する人は少ないが、健康不調や会の活動に適応できないと、毎年退会する人はいる。たとえ、退会があっても、新人が入会してくれれば、会の活動は維持できるが、高齢者の多いグループの場合、入会者よりも退会者が多いということがしばしば起きているので、最近は会員減でグループを解散するということが、よく起きてきている。

グループが既に発足しているケースは、こうした人のリクルートが最大の問題である。話は前後するが、ＯＢ会の立ち上げのことも実は大事なことである。経験的にいうと、講座が終了して、グループが生まれる割合は50％程度で、自治体職員、講師が、かなり熱心にアプローチしないと会は誕生できない、修了者の中に、立ち上げるという強い意志がないと、ＯＢ会は生まれない。

　強い意志を持った人が、数人存在すれば、話し合いの機会を作って、規約、年間の活動計画、会費を含めた収支予算、役員名簿など4点セットの書類を作成して、設立総会を設定することになる。同じ自治体の中に、先発のグループはたくさん存在するから、そのうちの1つ、2つをサンプルとして、見せてもらえば、4点セットの書類の作成は簡単である。

　だが、現実には、これができないために、講座修了したグループの半分位しかＯＢ会など新しい組織は生まれない。そうすると、たがのない桶であるから、修了者は互いにバラバラになって、一緒に集まることも行動することもないから、1年2年で養成講座以前の状態になる。修了者は、個人として、各々の活動を、地域ではじめる人もでるし、まったく活動しない人も少なからずいることはしかたがないことである。

　人材育成講座が何年間にわたって継続している場合は、新入会員として加えてもらえば良いのだが、新しく作る場合は、数倍の時間とエネルギーがかかる。このケースの場合、私は、講師として、受講者の中から、リーダーになってもらえる人（代表、副代表、事務局長など主な役員）を探して、引き受けてくれるかどうかを打診して、その気になってもらうよう心がけている。

設立のための準備の会合には、できるだけ出席させてもらって、専門家としてのアドバイスをしている。会を引っぱっていく主なメンバーが決まれば、必要な書類の４点セットは簡単に作成できる。あとは、設立総会の日程を決めて、会場を探し、必要な書類をコピーして、当日を迎えることになる。修了者の中には、やる気のある人は必ず存在する。だが、ほとんどの人は未経験なので、取り組むことに不安をもっている。だから、アドバイスすることは多い。何も難しいことはないので、歩み出すと、すぐに活動に精通するようになることは間違いない。

４　人材養成講座の課題

人材の育成について、課題を考えてみると、実に多くの事柄が横たわっている。自治体が主になって住民団体、講座の修了者のＯＢ会などと協働していくことにしても、それらの課題を十分に認識して解決していかなければならない。それらの諸点について、なるべく具体的に述べてみることにしたい。

①受講者の募集が難しく、長期になると更に厳しさは増加する

学生・受講者の多くは、学んだことが、すぐに自分に帰ってくる種目については、容易に取り組むが、自分のためであると共に他者の役に立つことは重視していない。具体的に例をあげると、外国旅行に行くので、ホテルやショッピングで最低限の会話ができる語学の学習は、何が何でもやらなければならない。

しかし、生涯学習サポーターのように、他人の学習が可能になるように、種目を探してやり、方法を教え、グループ活動に誘うということを熱心にやってあげようと努力する人は実に少なくて当たり前である。私の推論では、対人口比0．1％が最大限である。人口10万人の市の場合、100人で、成人（高齢者も含めて）に限定すると50人程度になる。最も意欲の高い人は、開始年と2年目位に来るから、3年目以降の募集はより厳しくなる。

②自治体側で運営に手間ヒマかかるという認識が強い

一度プログラムをはじめとする開催要項を作成してしまうと、次年度からは、受講者のアンケートや関係者の意見を聞いて、内容を若干修正はするが、そのための労力はたいしてかけないで進行することができる。事務局を担当する自治体の仕事は予算、募集、受付、

当日の運営などで、全回で６回として、時間数で１回３時間、受付名簿の作成、資料のプリント、講師依頼など合計で40時間かかる。

１日労働時間８時間として、正味５日間である。経費にしても全６回のうち、外部講師３人（１回２万円）、会場借用費３時間で２５００円、印刷費、通信費など３万円としても全体で20万円以下である。すべての業務をＯＢ会などに委託するとしたら、合計で20万円で足りる。この場合、主催者は自治体だが、受託者はＯＢ会ということになる。要するに、手間ヒマも予算も思いの外かからないのである。

③運営者の力量アップをはかること

一般的傾向として、一般の市民は、行政が実施することは信用するが、自分達と同じ住民が事業をおこなうことは、信用しないという間違った認識がある。したがって、ＯＢ会がＮＰＯを取得して、運営するスタッフの力量は行政職員を上回っているとしても、なかなかそれを認めたがらない。

そこで、受託者たるＯＢ会は、年間を通して、研修会を開催し耐えざる自己研鑽をする必要があり、昔の武芸者のように、他市の同業団体や自治体職員と交流を深め見識を養って、そのことを機関誌や研修会で発表して、実力を示して、一般市民の認識を高める努力が必要である。内部には会を代表するタレントを作り、PRしていくことが効果的である。

④地域団体として、不断に活動の質も高めていく

OB会として、発足して数年間は、役員も活動について試行錯誤の連続で苦労も多い。しかし、毎年、少しずつ活動しレベルが上ってくると、会員の協力も増えてきて、積極的に手伝ってくれるメンバーも多くなってくる。

こうなると、会員も活動することが楽しくなり、市民に与えるインパクトも体感できて、よりかかわり方も強くなり、嬉しさも増すことは間違いない。運営に関する事務能力も向上し、行政や民間から委託事業や助成事業を取るために、NPO化も視野に入ってくる。自主事業も若干は利益を上げることも可能になる。実力がついてくれば、公共施設の指定管理も受託できる。

⑤団体の目標と会員の目標が合致し、両者の成長と充実がはかれる

会員は、団体に所属し、団体のために働く。団体は会員を守り、個人としての成長発達

に貢献する。両者の関係は、お互いに助け合い、時間が経過する中で成長発展することが好ましい関係である。

片方が片方によってつぶされてしまったり、犠牲にされてしまうことは、絶対に避けなければならない。会員は会に働いて利益を得る。経済的なものは、現在では少ないがこれからは有償化していかなければならない。会に入会して「人生が変わった」というレベルにいってもらいたいと思う。

⑥最後に、人材育成講座のめざす方向として、修了後の活躍の舞台が少ないこと、それを改革する必要がある

これまで、行政として、地域活動を活発化させるために、サポーター、コーディネーターなど、市民力を結集させるための人材が必要不可欠であるためにかかわってきた。それで、先進的自治体は育成講座をスタートさせた。

何年かつづけてみて、課題として浮上してきたのは、修了者の扱いである。多くのＯＢが、自分達は長年にわたって尽力してきたのだから、何かメリットはないものだろうかと考えるようになる。問題なのは、活躍の舞台、場が少ないことである。これを仮に出口と

呼ぶと、活動経験者の行き場が少ない。しかも、多くの人々は無償でなく有償を希望している。この問題は、これから大きくなるので、出口論として後に論評したいと思っている。

二　市民活動で求められるリーダー像

生涯学習と表現したり、地域活動と言ったり、市民（住民）主体の活動が近年、ますます活発化してきている。さらなる成長、発展のために、人材育成論やリーダー論がもっと深められて、議論が出てくる必要がある。

この数年、私は、こう考えて、努めて情報収集したり、現場を取材してきた。なかでも、リーダーのあり方、理想とするリーダーの実像をまとめてみたいと思っていた。このことは、P．Fドラッカーが晩年追求したテーマであった。それで、私は時間をかけて、彼の膨大な著作を読み込むことに努力した。非営利組織のマネジメント論は、わが国でも十分に活かせると思う。ここでは、その中のリーダー論に限定して学び、生涯学習、市民活動に導入できる諸点を探ってみることにした。

１　ドラッカーのリーダー論

ドラッカーは『非営利組織の経営』（ダイヤモンド社）でリーダーについて、いろいろ事柄を書いている。リーダーのあるべき姿として、３つの側面が重要と指摘する。（同書24～26頁）

１．自分に適合

２．組織のかかえる課題に適合

３．期待に適合

３つの側面をよりスムーズにしていくために、組織内の人間の質を高めること、そのために、メンバーに課す要求を出すことを強調する。その結果、チームを有効機能させることを自分の最重要の仕事にしていく必要があるという。しかも、つけ加えて、こうした一連の仕事は1年で成果を出していかなければならない。4年も5年もかかるようだと、リーダーは失格と厳しいことも指摘する。

また、リーダーとして、してはいけないことについて、以下の3点を述べている。（同書34～36頁）

1．自分のしていることはメンバーにわかってもらっていると考えるが、実際は、理解してもらっていない。

2．組織内の強みを怖れてはならない。後継者は自分で決めてはならない。

3．手柄を一人占めすること。部下の悪口を言うこと。

彼は、著書の随所で、個人もチームも、得意なこと、長所と思われることを行動すべきと説いている。この項目のように、後ろ向きの言葉はめったに発言しないのが特徴であるので、このように「してはいけない」などネガティブなことを発言するのは珍しいことである。

彼が強調するのは、リーダーにしても、メンバーにしても、「すぐれた成果をあげられるのは、得意なものについてだけである」、「リーダーは知性、価値観、道徳観」について、優れたものを持っていなければと説いている。（上田惇生、佐々木実智男訳『新しい現実』ダイヤモンド社１９８９年３４５頁）

ふたたび『非営利組織』にもどって、リーダー論をみていくことにしたい。リーダーを選ぶに当たっては、第1に、彼は何をなし遂げたか、どういう強みを持っているか、それは、どこで使われたかに着目しなさいと言う。即ち、強みを活かして、すぐやるべきことは何かを考え行動する。

第2に、人格の高潔さについて、範を示せる人、若い人の模範になる存在にならなければと言う。非営利組織では、リーダーが凡庸であることは、すぐに暴露される。政治は選挙、ビジネスは利益と目標がはっきりしているが、非営利組織は1つの価値尺度で測れない。求められるのは、バランス、統一性、卓越したビジョンで、成果に関する各種の判定基準が必要である。前述のように、リーダーは、短期間で成果をあげること。1年で達成しなさいと厳しいことを言う。（同書22〜23頁）

ドラッカーのリーダー論については、多くの日本人が賛同の意見を寄せている。その代表である小林薫産業能率大学名誉教授はアクショントレーニングを終生つづけた人と評価する。（『ドラッカーが語るリーダーの心得』青春出版社２００４年83頁）

アクション（行動）によるフォローアップ（追査）なきプロジェクト（計画）はパフォーマンス（実績）を生まない。「強みの上に己を築け」、「強みのうえに組織を築け」（同書87頁）。ボランティアをモティベイトする4つのポイントを語っている。（同書99頁）

1. 組織の使命と目的と、その中で自分が果たすべき役割と職務内容が明確であること
2. あげるべき成果がはっきりしていて目に見えること
3. 自主的に自己責任で処理できる部分が大きいこと
4. 組織運営と経営の方向性について、自分も十分な発言権を有していること

また、「人を育てるため最も効果的な方法は、任せることである」という言葉も、ドラッカーはいろいろな著書で語っている。

2 リーダーが必要なスキルとコミュニケーション力

リーダー論の代表例として、数社の外資系企業の経営者を務めたエグゼクティブセンターの新将命代表は『リーダーの教科書』（ランダムハウス講談社2008年）で、ビジネスリーダーについて多面的にまとめている。まず、ビジネスマンとして幸せに生きるには①やりたい仕事をやっている。②人から評価、感謝される。③それなりの収入に結びつくの3点をあげている。（同書178頁）

多くのリーダーは、この3点はクリアーできる立場に身を置きたいものである。そのた

めに、リーダーに就いたら、なすべきことをあげる。(同書174〜177頁)
①過去の業績の推移を見る
②キーメンバーに聞き取り調査をする
③顧客、取引先の声を聞く
3項目に共通する事柄として、仕事をもっと楽しくするためには何をしたら良いか、君自身の仕事を生産性を高めて、満足度や楽しみをより大きくするために、「自分は何をやったらよいか」などを聞き取りをおこなうのがよいと言う。

つぎにリーダーに必要なスキルとして、以下の3項目をあげる。(同書226〜239頁)
①機能的・専門的能力(1万時間の勉強が必要)
②普遍的ビジネス能力(鮮度の高い情報は現場にある)
③人間関係能力、コミュニケーション能力(必要な要件の85%がコミュニケーション能力、15%が仕事の能力)
これほどの大事なコミュニケーションが、ビジネスの失敗の8割以上を占めているからコミュニケーションをよくすれば、失敗の8割以上をカバーできる。

このことを心に留めておいてもらいたいと言う。そのためにコミュニケーションの10カ

表1―1　リーダー人材度カルテ

診察	5＝きわめて満足 1＝きわめて不満足
1.高度の機能的・専門的能力(知識・スキル)を有しているが、現在のレベルに満足せず、知識・スキルを高める努力をつねにしている	1-2-3-4-5
2.つねに「自責」で「肯定的」にものを考えている	1-2-3-4-5
3.難しい仕事に背を向けない。困難には積極的にチャレンジするほうである	1-2-3-4-5
4.行うべき仕事は途中であきらめず、正しいプロセスを経ることにより最後まで完遂して[結果]を出す	1-2-3-4-5
5.部分(部門・個人)最適にとどまらず、全体(会社・社会)最適で考え行動することができる	1-2-3-4-5
6.短期・長期の納期目標を設定し追求しつづけている	1-2-3-4-5
7.変化に積極的に立ち向かい、変化をクリエイトするマインド(意欲)とスキル(能力)がある	1-2-3-4-5
8.方向性(ビジョン・目標・戦略)がわかりやすく、かつ説得性高くコミュニケーションすることにより、人の心に火をつけ“やらねばならぬからやる”(強制動機)ではなく、“やりたいからやる”(内燃動機)とインスパイアできる	1-2-3-4-5
9.人からの信望・人望が厚い	1-2-3-4-5
10.部下を人材として育成することにより企業の繁栄(継続的繁栄)に貢献している	1-2-3-4-5

条が説かれている。(同書255～257頁)

1. 第1歩は聞くこと
2. 相手に正しく伝わってはじめてコミュニケーションは達成される
3. 効果的なコミュニケーションの3つの条件(相手と波長を合わせる。相手の目を見る。話を3点に絞る)
4. 起承転結、後から先に、など相手にスタイルを合わせる
5. コミュニケーションは時間があまったらおこなうものではない
6. Eメールはコミュニケーションの主要な手段にはなりえない
7. バッドニュースファースト、上司にサプライズは与えてはいけない

8．スピークアウト（誰が言ったかでなく、何を言ったかが重要）
9．異見も意見
10．職場こそがコミュニケーションのメイン舞台

つぎに、リーダー人材度カルテ（表1―1）を出しているので、参考までに引用させてもらった。（同書281頁）

合計点が41～50であればプロフェッショナルリーダーで完成度の高いリーダーである。31～40の人はセミプロフェッショナルである。21～30はアマチュア（素人）であり、最後の20点以下は世捨て人でビジネスの世界で働くのはふさわしくない。

対策としては、リーダー人材度を高めるために、いつまでに、何をどのようにおこなうか、全部の点数を上げることを考えないで、3～4つに絞って優先順位をつけて実行する。できたら年2回位診断するとよいと延べている。（同書282頁）

3　生涯学習リーダーの役割

生涯学習の活発化のために、リーダーのあり方が本格的に議論されてくるのは、平成10

年代に入ってのことであろう。そのトップを切って、安田女子大学の池田秀男教授は「生涯学習指導者の役割構造と研修システム」という論文を書いて、活躍の舞台として、パーソナルセクター（公立、行政）、プライベートセクター（市立、民間）パートタイム型指導者（非常勤）、フルタイム指導者（行政、大学、民間企業、民間団体）、役割としてプランナー型、ネイチャー型の分類をおこなった（同氏『年報』第19号日本生涯教育学会1998年10～12頁）。

生涯学習指導者の役割は、支援者、促進者、推進者などあり、その資質として、つぎの3点を説いた。（前掲書18～20頁）

1. 人間通、人生通で、豊かな人生経験と幅広い視野及び深い専門的教養をもつこと
2. 地域住民との対応において意思の疎通、適性に関することが求められる（継続能力、自己表現能力）
3. 支援は学習者の主体的条件に対してでなく、地域社会の学習資源の配置、学習者をとり巻く内外の諸条件を考慮しておこなう

つづいて、平成15年には、神戸大学の津田英二教授は「生涯学習支援とは」を書いて、学習支援は、直接的支援（教師、チューター）と間接的支援（施策、財政管理、プログラ

ム開発、施設の管理・運営をおこなっている人）があり、特に間接的支援として、オルガナイザー、コーディネーター、ファシリテーターなどが近年、台頭している。

従来は、直接的支援が中心であったが、最近は、講義中心の講座に代わってグループワークが重視されるようになっている。学習活動を円滑にしたり、学習者の経験や知識や思想を引き出したりすることによって、学習者の主体的な学びを促進する人や学習者の力を引き出していくことに力点が置かれている。（鈴木真理、津田英二編『生涯学習の支援論』学文社２００３年18～19頁）

また、福岡教育大学の井上豊久教授は、同書で「民間の生涯学習支援者の位置と役割」を執筆している。近年、生涯学習支援者の資格付与に対する人々の関心は高くなってきているが、その実績は、旧来からの茶華道、書道など芸道、自然体験指導者に限られていて、新しいものが、きわめて少ないと指摘する。その課題として、以下の5点を揚げている。（前掲書90～93頁）

1．指導・支援の意義
2．指導・支援上の困難点
3．行政への要望

4．指導者・支援者育成方策
5．指導者・支援者の広域化
また、今後の展開について、「集団の維持の困難性を考慮」、学習組織面の重視して、以下の3点を提案している。（前掲書93～98頁）
1．条件、環境づくり
①経済的負担
②成員の時間の連絡のコーディネート
③場づくり

2．組織、目標づくり
①経験や成熟度による成員個々の違いに応じた組織づくり
②成員間および成員外における情報のオープン化への支援
③評価の重視、個人の「個別目標」と組織の「個別目標」の一体化への配慮

3．運営、集団づくり

①集団の凝集性を高めるために、成員の自己決定性を増加させる
②内部支援者にはグループダイナミックスの理解などの力量が求められる
③従来の先輩後輩という縦型支援でなく、自己決定の育成が重要

先駆的な論として、生涯学習分野で、このようなリーダー論が出てきている。これらが現場で取り入れられて、実践に供され、使って成果があったものと効果があまりなかったもの等が検証される。こうした営みが数多く実行されて、厳選されて、本当に効果的なリーダー論になっていくことが望まれる。それは、現在、各地でおこなわれているので、成果を取材して吟味、検証していきたいと思う。

4　市民活動の担い手

日本学術振興会の李妍焱特別研究員は『ボランタリー活動の成立と展開』（ミネルヴァ書房平成14年）で、ボランタリー活動をわが国で阪神淡路大震災以降に活発になったボランティア活動と定義を異にすると指摘している。ボランティア活動は「自分の意志に基づいて、社会が抱える福祉問題、平和問題、環境保護などの課題を解決するために活動する

人及びその活動」（日本社会事業大学）を引用している。

それに対して、「ボランタリー活動は、個人の私的な関心、問題意識から出発し、社会性、公共性を帯びた民間非営利の活動」（中村陽一）と解釈している。ボランタリー活動は市民活動、ＮＰＯ活動と同一と解釈するのが妥当であると著者は書いている。

この当たりの言葉の統一は不可能で、簡単には統一するなどということは無理であろう。私は努めて外来語ではなく、日本語を使いたいという考えであるので、市民活動という言葉を、現段階では使いたいと思っている。

そこで、本論で追求している小集団におけるリーダーの役割であるが、李氏は、平成9年の経済企画庁『市民活動団体のリーダーのために』を引用して、一般メンバーに対して、スタッフと役員をリーダーと解釈している。リーダーの役割については、三隅二不二『リーダーシップの行動の科学』有斐閣 昭和53年を引用して、地域のボランティアリーダーは「課題志向的機能（パフォーマンスＰ）と道具的機能（アイデアマン）、集団維持的機能（メンテナンスＭ）を持つべきだが、ＰとＭの両方を持つことを求めている。（前掲書75～76頁）

さらに、ボランタリー活動の担い手の類型化をおこなっていて、参考になるので、４類型を引用させてもらった。（前掲書80頁）

1．創発型リーダー：社会生活において解決・改善すべき課題を認識した場合、その解決・改善を図るために、自らグループの結成や資源の調達に努め、活動を起こす人、またはグループに重大な変革をもたらす人。

2．調整型リーダー：創発型リーダーとメンバーとの間、またはメンバー同士の間の協調を図るために、調整をおこなう人。

3．中心メンバー：積極的に、活発にグループ活動に参加し、絶対的に多くの時間を活動に費やしているメンバー。

4．協力メンバー：活動に興味を示しながらも、それ以外の、自分自身の生活のベースを最も大事に考えているメンバー。

私も、こうした役割やあり方を参考にして、将来的には、市民活動の類型化を試みてみたいと思っている。こうしたリーダーの特徴を著者は、小集団研究の権威J．W．ガードナーを引用して、つぎの項目を引用している。（前掲書99頁）

1．肉体活力とスタミナ
2．知力と実行判断力
3．責任を引き受ける意欲

4. 任務遂行能力
5. 部下に対する理解
6. 人を扱う技術
7. 偉業を達成する必要性
8. 動機づけ能力
9. 勇気・決意・着実性
10. 信頼を獲得し、保持する能力
11. 管理し設定し、優先順位を設定する能力
12. 自信
13. 主導性、支配、自己主張
14. 戦術の適応性と柔軟性

14項目が設定されていることに驚かされるが、1人のリーダーがこれだけの優れた資質を持つということは、ありえないと思う。私の考えでは、現実論として4つか5つの項目が当てはまれば立派なものだろう。ドラッカーは、前述の議論に対して、リーダーに共通する特性というものは存在しない。非常に社交的な人がいるかと思うと、非社交的な人も

いた。カリスマ性ということも同様で、必ずしも必要不可欠というものではない。ただ、唯一といっていいほど共通しているのは、１つだけの特性ではないと強調している。（前掲書１００頁）

このことを私なりに判断すると、リーダーは多様な経歴をもって、その経験を活かして、自己流に表現していると考えられる。ドラッカーが重視しているのは、デイベート（議論）、正義感、責任感（義務感）、行動力である。市民活動のリーダーになるには、こうした特徴を、活動を開始してからも習得に努めて、活動を通して成熟させていくことが望まれる。

三　講座修了後の活躍を重視する事例

地方自治体が住民に提供する学習講座・教室数は教育委員会で70万件、首長部局で20万件という件数になる。受講者数は、それぞれ２０００万人、１０００万人と巨大な数である。ただ内容を分析すると、99％は、学習者の好みとニーズに基づいて組み立てられた内容であり、住民を地域づくりのリーダーに育成することを目的とした講座・学級は1％にも満たないであろう。

従来は、成人の教育は、その方法が是認されたが、これからの時代は、一部の住民が能力開発をして、後続の住民をサポートし、多様な活動をおこなっていかないと地域は動かないことになる。私はかねてからこのように考えていたので、機会をとらえて先進事例を追いかけてきた。なかでも講座修了後の出力をしぼって、活躍の舞台を準備する方法の必要性を訴えたかった。その事例として、平成3年スタートで600名の市民学芸員を出した長浜市、開設は平成23年だが、出口を特別に重視した狭山市を取り上げて、特徴を描いてみたい。

1 長浜市の市民学芸員制度

滋賀県の長浜市（人口12万人）は、古来より淡海として親しまれ、近畿と東海・北陸を結ぶ交通の要衝として発展してきた。特に16世紀に秀吉が、初めて城持ち大名になって城下町づくりをおこなって有名になった。私は、これまでなかなか訪れる機会がなかったが、用事で大阪に行った帰りに訪問して、町のあちこちを見学し、市役所に生涯学習・文化スポーツ課の伊吹宗人主幹を訪ね「市民学芸員制度」を取材させてもらった。

市の『生涯学習社会づくり基本方針』は平成24年に策定されて、今後5カ年の方向が出された。基本方針を達成する3つの柱として

まなぶ（市民が主体的に生涯学習に取り組める環境づくり。）

いかす（学んだ成果を地域社会で生かせる環境づくり。）

つくる（市民参加による「地域づくり」「まちづくり」の推進支援。）

が前面に出された。まなぶ施策の中では歴史と文化を重視した「長浜学」の充実、いかす施策では「市民学芸員制度」、つくる施策では、市民との協働によるネットワークと「つどい」の開催などが重視されている。

ユニークなのは、目標を達成させるための各主体の取り組みを列挙していることである。行政については、生涯学習推進本部、同推進協議会の活性化、高等教育機関、民間機関との連携、市民ニーズの把握、市民との交流促進など新しい取り組みが出されていない。

事業者との取り組みでも、高等教育機関の公開講座、青少年のキャリア教育、商工団体・企業の施設開放・講座の提供依頼など書かれているが、これもインパクトは弱い。しかし、

市民に期待される取り組み6項目は、具体性もあり、誰でも少しその気になれば、取り組み可能で、しかも、効果も期待できる項目も列記されていて、どこの自治体でも導入が容易に思われる。そこで引用させてもらった。（同書20〜21頁）

1．よりよい自分らしさを見つけていくために、自分の学習目的に適した手段と方法を選び、学習活動に取り組むことが大切です。

2．社会の変化に対応するため、現代的課題や地域課題について学習する必要性を理解して学習活動に取り組むことが大切です。

3．学習した成果を自らの生活や仕事、家庭、地域での活動に生かしていくことは、地域社会を豊かにすることにつながります。

4．地域での学習活動等に積極的に参加することは、学び合いを通して、たくさんの仲間をつくっていくことになります。

5．地域団体が主体的に学び合う機会を作り出していくことは、「地域づくり」へのエネルギーになっていきます。

6．ボランティア団体やNPOの活動に参加したい人への情報提供が求められています。

「市民学芸員」制度は、市生涯学習推進本部が指定した長浜学講座を3年以上にわたって

表1—2　生涯学習大学「長浜学」の実績

年	分野	テーマ	講師	
H24年	歴史	混迷を生き抜く術とは～歴史を動かした人物に学ぶ～	井沢元彦	作家
	びわ湖	山門水源（現地研修）	藤本秀弘	山門水源の森を次世代に引き継ぐ会
	文化	湖北の観音さま	佐々木悦也	長浜城歴史博物館副参事
	地球市民	人生をかけて築いたチームワーク、仕事感、家族の絆[人権課と共催]	山崎直子	元宇宙飛行士
	くらしと産業	湖北の昭和	古田一郎	元長浜市職員
H25年	歴史	近世におけるびわ湖舟運の構造	東幸代	県立大学准教授
	くらしと産業	防災と亭主関白	谷五郎	ラジオパーソナリティ
	びわ湖	実践しよう！お得で豊かなエコライフ	富永秀一	環境ジャーナリスト
	地球市民	戦場の現場から祈りを捧ぐ	渡部陽一	戦場カメラマン

30単位＝単位認定書授与、50単位＝単位認定書授与、70単位＝「市民学芸員」称号授与、100単位かつ各コース3単位以上取得＝「長浜学マイスター」称号授与。

70単位（1コマ1時間が1単位）以上取得した人に称号を贈り、名簿に登録する。長浜学は以下の5コースに分かれている。

1. 歴史コース…湖北や日本の歴史に関する学習
2. 文化コース…文化や芸術に関する学習
3. びわ湖コース…湖北や滋賀県の自然や環境に関する学習
4. くらしと産業コース…くらしと産業に関する学習
5. 地球市民コース…多文化共生や人権に関する学習

メインの講座は生涯学習大学「長浜学」（毎年5～7回開催）を中心として、他に市内各課は「長浜学認定申請書」を担当課に提出し、課が認定すると、一覧表に登載して、市民に配布する講座を提供する。各課はチラシ作成時に「長浜学マーク」を掲載することができる。単位取得基準は上記の単位数である。

平成3年からスタートして、22年間が経過したが、市民学芸員の称号を授与された人は全体で46人で、長浜学マイスターは2名ということである。長浜学生涯学習大学で学んだ市民は、600人以上ということだが、単位取得者は、やや少ないように思えた。

私は学習者の修了後に興味があったので、担当者にいろいろと質問してみた。一番関心があったのは、修了者は、どう活躍しているかということであった。まず講座を履修し、「市民学芸員」に認定された人の団体ができているかを問うた。残念ながら、これは作られていなかった。

1つの団体として成立していると、団体として、いろいろと活躍する活動も生まれるだろうし、行政をはじめとして、民間機関、グループからも事業の依頼がある。しかし、それは、できないことであった。すると認定者個人としての活躍になる。この詳しい実態については、市民大学の担当課では、情報をあまり集めていないようであった。

この点について、日本女子大学の田中雅文教授は、現地調査で2人の「市民学芸員」をインタビューしている。(同氏「長浜市の市民学芸員制度」250~252頁『社会を創

る市民大学』玉川大学出版２０００年）
１人は70代の女性で、源氏物語の講座を7年間学んで、自主グループでも月2回学習をおこなってきたが、学芸員としての活動はしていなくて、将来は学習グループをアドバイスしたいという人である。もう1人は40代の男性銀行員で、市内の歴史博物館、彦根市と伊吹町の博物館友の会に所属して学習しているが、将来は、やはり学習ボランティアをしたいと語っていた。
田中氏も指摘しているように、「市民学芸員」の称号を取得しても、ボランティアやサポーターになって活動している人は少ないようで、ある意味で宝の持ち腐れといえなくもない。そこで今後の活動をどうしていったら良いのか、私なりに提案をしてみたいと思う。
1つは、講座の提供に関して、現在は全国区の有名人講師と地元の講師の混合による生涯学習大学（年5〜7回）を市が指定した庁内各課の講座だけでは、どうしても内容に片寄が出て生涯学習のあらゆる領域のカバーは難しい。そこで、市内の高等教育機関、企業、NPOなどに呼びかけて、それぞれ目玉の講座を出してもらって、長浜学としての認定評価委員会（学経者を中心）を作って決めてもらう。それによって、幅も拡大するし、ユニークな講師も多数発掘されて、講座受講者が増えるであろう。

次の課題は出口である。「市民学芸員」に認定された人の団体が不可欠である。市も定員削減の時代に、職員を増やすわけにはいかない。また、これは制度上も、私は市行政が担当することは望ましくないと思う。「市民学芸員」が会を自主的に組織し、会員制で運営していくことが望まれる。

運営費が不足するのであれば、寄付を集めたり、市民や観光客（年間３００万人が集まる）の有償ボランティアで活動資金を集めるといいだろう。学芸員は、こうした活動を通して、いろいろな人と接触することによって、学習内容が深まり、能力開発のよい機会にめぐまれることは間違いない。一般に、成人の学習は公民館や集会室における座学よりも、こうした多様な現場に出ることによって、取得することが多く成果は大きくなる。

市としては、いろいろな課が専従の仕事をこなす中で、この学芸員の出番を作ることによって、自分の課の仕事も思わぬ成果が得られるし、学芸員も行政と市民の協働した結果として、成果も出てくるに違いない。この制度でスタートして、前述のように、23年も経過した。発足当時は、70単位、しかし、１００単位の学芸員、マイスターの認定をおこなって、初期の成果を出している。

しかし、時代が変わって、生涯学習は、学習率や学習人口の数を競う時代から、行政はコストをなるべくかけないで、住民と協働し、住民にまかせられることは、住民にまかせることが大事になってきた。同じように、学習の結果としての成果が問われ、重視されるようになってきた。

例えば定期的に学習を継続する高齢者とまったく学ばない高齢者を比較すると、前者が後者に比べて、医療費がはるかにかからないこと、選挙の投票率、公聴会、議会の参加率やボランティア活動の行為者数が高いことも各地で実証されている。さらに、市民学芸員の認定を活用して、グループで学習をつづけて、観光ボランティア、傾聴ボランティア、福祉関係の介護者などになることによって、年金プラスの収入を得ることも、これから大事になっていく。時代にフィットした制度のリニューアルも検討していくことが望まれる。

2　学んだことを活かす狭山市の市民大学

埼玉県狭山市（人口15万人）には2つの市民大学「狭山シニア コミュニティ カレッジ」（嵯峨座晴夫学長）と「狭山元気大学」（小山周三学長）があったが、それを統合して、平成26年「さやま市民大学」として新発足した。元気大学は、平成21年に開設プランが決定し、

表1—3　まちづくり学部の学科

学科名	回数	受講料(円)	曜日・時間	定員(名)
まちづくり担い手養成学科	20	12800	金曜13:30～16:00	25
パパママのお助け隊養成学科	20	12800	金曜10:00～12:00	25
健康づくり・介護予防サポーター養成学科	30	19850	木曜13:15～15:30	25
生涯学習案内人養成学科	20	12800	水曜13:30～16:00	25
まちのガーデナー養成学科	23	14600	木曜9:30～12:00	25

表1—4　いきいき学部の学科

学科	コース	回数	受講料(円)	曜日・時間	定員(名)
狭山の歴史学科	普通	35	20000	木曜13:00～14:45	30
	石仏・文化財	34	20000	木曜15:00～16:45	20
ジャーナル学科		35	25000	月曜14:30～16:15	20
いきがい学科		31	25000	土曜10:40～12:10	30
トレッキング学科		34	25000	火曜9:30～11:15	30

23年5月に3学科（コミュニティービジネス、ボランティアリーダー、協働サポーター）で開講した。24年には、廃校小学校を活用した専用キャンパスで授業が開始された。開学の目的は①まちづくりを担う人材の育成、②学びの成果を地域社会の中で活かす仕組みづくり、③学びを通した生きがいづくりと仲間づくりの3本柱である。この目的を達成するために平成26年から「まちづくり学部」6学科6コース、「いきがい学部」6学科11コースが再スタートした。

各学科の概要について、簡単に言及してみたい。まちづくり学部は表1—3のような名称で、後期に「地域の防災リーダー養成講座」が決定している。

つぎに、いきいき学部は、6学科編成で、パソコン学科（入門、初級、中級、実用の4コース）で各コースとも講座回数は34回、受講料3万円、定員20名である。英会話学科は、初級と中級の2コースがあって、どちらも全31回、受講料2．5万円、定員は20名である。

狭山の歴史学科、ジャーナル学科、いきがい学科、トレッキング学科などで（表1―4）編成されている。パソコン学科4コースについては、入門コースは講師はすべて市民講師に依頼されている。初級、中級、実用の3コースは、すべて日本情報システムへの委託である。英会話については、初級、中級とも西武佐藤学園に依頼している。歴史学科の2つのコースとも1人の元博物館の館長への依頼である。ジャーナル学科は敬心学園の1人の教員が講師を務めている。トレッキング学科は日本トレッキング協会の理事がほとんどの回で講師を務め、2回ほど例外的に市民講師が担当している。

いきがい学部の講師は、このように1つの組織又は個人が講師を務めるという特徴もある。いろいろないきさつやつながりで、こうした編成になっていると思われるが、受講者にとっては、良い面と都合の悪い面の両面が出てくるだろうと思われる。

この学部で、そういう講師編成でなく、一般的な編成になっているのは、いきがい学科である。

全31回で、講師数は21人である。多彩で多様な講師の編成になっている。

以上が、各学科の講師編成にみる特徴であるが、実際に講座はどのようなねらいや目的をもっているのかをプログラムから読み取ってみたいと思う。

主な学科のねらい

①まちづくり担い手養成学科：前半で市の抱えている課題を学び、後半でグループ活動で解決策を探る。

②パパ・ママお助け隊養成学科：現役のパパママをサポートすると共に子育て支援スタッフになる人材の育成。

③健康づくり・介護予防サポーター養成学科：市の介護予防スタッフの養成。

④生涯学習案内人養成学科：市民交流センター内の生涯学習情報コーナーの窓口案内人の育成。

⑤まちのガーデナー養成学科：園芸の基礎知識を学び花のまちづくりを担う人材の育成。

⑥ジャーナル学科：まちづくりリーダーの一端を担える地域ジャーナリストの養成をめざす。

⑦いきいき学科：前半は少子高齢社会の諸問題を学び、後半は太極拳、ウォーキング、腰

痛体操など健康長寿の維持をめざす。

各学科のねらいで共通しているのは、パソコン、英会話の６コースといきがい学科は、個人の学習ニーズの充足が目的になっている。しかし、まちづくり、子育て、介護予防、園芸、広報などは、それぞれの分野の専門知識と技術を学習してもらって、地域で活躍する人材に育てることが目的になっている。本大学は明らかに、個人の学習ニーズの充足ではなく、指導者層の育成を重視しているのである。

本大学の運営については、公募を中心に市民によって構成される運営員会がおこない、その下に講座企画、地域連携、広報などの専門委員会が設置されている。本大学の課題と展望について、小山周三学長は、開設間もない平成24年12月の全国生涯学習ネットワークのシンポジウム「市民大学サミット」で、つぎのように語った。

①受講者募集の件：試行コース75名、開講年度１２６名、24年度１３６名と受講者を増やしてきたが、受講生に魅力ある講座開設に向け、さらに努力、工夫し、募集が先細る可能性を克服する必要がある。

②自立化問題：公設・民営の形で運営しているが、今後は民営型の自立した協議事業体に移行し、大学運営の安定性・継続性を考える必要がある。

③終了後の支援サービスの件：修了生の活動をフォローするために、地域連携室を設定しているが、地域活動を活性化し、修了生が共助・協働事業の中核になれるような中間支援センター機能まで高めたい。

本大学の生みの親ともいう市の初代自治振興課元気大学担当の金子美恵子課長は、今後の方向について、雑誌『社会教育』に次のように書いた。（平成24年7月号33頁）

「平成22年度の試行コース開始以降、修了生からは、NPO法人4団体、任意の市民活動団体が3団体が誕生したほか、既存の市民活動団体に加入して活発に活動している修了生も多い。それぞれの地域への強い思いと行動力の賜物であるが、元気大学での学びと仲間との出会いも大きな役割を果たしたのではないだろうか。

今後は、事業運営に携わっている委員を核として、修了生も含めてNPO法人化し、元気大学事業自体を委託していきたいと考えている。また、元気大学事業実施だけの規模に止まらない、『まちづくり会社』までを目指していただきたいと願っている。」

本大学は2人の運営の責任者が述べているように、ますます住民主導の運営になっていくであろう。とにかく、私が評価したいのは、講座を終了したら、活躍の舞台が用意されていることである。

例えば、「まちづくり学科」は、数人が市内にある地区センターにスタッフとして入っている。同じことは、子育て支援センター、介護予防センター、市民交流センターの生涯学習情報コーナーなどにも当てはまる。

先進の多くの自治体で無償ボランティアとして出向いているケースは、どこでも存在する。しかし、本市のように有給のスタッフとして採用されるという道が開けたことは、大変なことである。多くの人材育成講座の課題は、受講者募集である。皆人集めに苦労しているが、ここではそういうことではない。受講者募集で苦労していない。

四　高齢者の地域活動意識の特徴

高齢者の地域参加を促進させるための諸条件を考えたい。推進策を検討するために、必要な高齢者の意識調査が、平成26年に入ってあいついで内閣府高齢社会対策担当によって発表された。1つは「高齢期に向けた備えに関する意識調査」であり、2つは「高齢者の地域社会への参加に関する意識調査」である。

私は高齢者の地域参加活動を調査していて、有効なデータを探していたところ、この2つの調査結果を入手することができた。両調査とも、前者は日常生活、社会参加、地域活動、世代間交流など、後者は生活、資産、就労、社会参加、健康、住宅、国や自治体への要望など多岐にわたる項目を調査している。以下では、これらの項目の中から地域活動に関する実績の部分を引用させてもらい、私の見解を述べてみることにした。

1 高齢期に向けた備えの意識

「高齢期の生活で大切にしたいこと」という内容は、興味深いものがあるが、大別すると、自分のこと、楽しみといった個人的な項目が上位5番目まで続いていて、仕事、ボランティア活動など社会的な項目が6位以下に並んでいる。

割合(パーセント)に注目すると、1趣味や勉強(61・0%)、2のんびり過ごす(55・7%)、3家族との交流(52・5%)などが高い数字である。4友人や地域の人との交流(47・4%)、5スポーツ・運動(29・1%)。

一方、6仕事・事業（15・8％）、7ボランティア活動・NPO活動（11・2％）、8サークル活動（7・4％）は、かなり低い数字である。これが地域の現実であり、7から8、9町内会・自治会活動（6・5％）、10老人クラブ活動（3・4％）を加えても44・3％に過ぎない。

前者の個人的楽しみは、1〜5を加えると24・6％になってしまう。ここで改めて考えてみると、個人的活動の5分の1が社会的活動の比率という状況が把握できる。

つぎに、問題にしたいのは「高齢期に備えて大切だと思う取り組み」のことである。

1．健康維持・体力づくり（82・8％）、2．長く続けられる趣味・娯楽を始める（52・7％）、3．日々の節約・貯蓄（51・4％）、4．家族、親せき、知人、近隣などとの付き合いや交際の拡大・維持（38・4％）、5．高齢期に働くための備え（勉強、資格取得、就職活動など）（24・0％）、6．資産形成（収入・支出）の予測・シミュレーション（21・4％）、7．高齢期に住む住居の検討または購入（15・9％）、8．資産形成（保険商品への加入、金融商品への投資など各種資産運用）（12・7％）、9．子育て、教育（世話や孝行が期待できる子どもの養育・しつけなど）（8・4％）。

項目だけ列挙すると、健康・体力、趣味、貯蓄、つきあい、資産形成、住居などという順位になっている。どの項目も高齢期を生きていくために大切なものである。ただ、社会参加のために備えるための項目ではない。わずかにつきあいという項目は、家族、知人、近隣と例示されていて、近隣という言葉の中に社会参加への芽が入っていることは確かであろう。

以下で「社会参加」についてのいくつかの項目が集計されているので、調査結果をみることにしたい。まず、「社会参加活動で今すべきこと」と「今していること」の集計結果は、概して、前者が高い割合になっているのに対して、後者の割合はかなり低くなっている。しかも、どの項目も割合に違いがみられない。大体10％前後であるということである。1．一緒に活動する仲間を作ること(今すべき＝51・4％、今している＝20・1％以下同様)、2．地域に知人を作ること（35・2％、15・7％)、3．地域行事に参加すること（28・9％、16・3％)、4．町内会・自治会に参加すること（23・1％、18・4％)、5．知識・技術を習得すること(20・8％、11・3％)、6．社会参加活動の情報を収集すること(20・7％、7・5％)、7．家族の理解を得ること（19・4％、9・4％)、8．社会活動に参加すること（19・2％、6・4％)、9．指導者・リーダーを見つけること（3・8％、1・1％)。

付き合いの中で近所との関係が最も大事だと思われるが、その程度については、「あいさつ」（79・8％）、「立ち話」（62・0％）、「困った時に助け合う」（45・3％）、「葬儀への参加」（38・8％）、「地域の行事や催し」（36・8％）、「もののやりとり」（27・6％）、「お茶、食事を一緒」（21・2％）などの順になっている。ただ、その数字は、かなり高い結果として出てしまったように思われる。

つぎの「高齢期に親しくしたい人」という回答結果が、学校時代の友人（53・6％）、趣味の仲間（48・5％）、職場の同僚（42・9％）、近所の人（40・3％）、子供を通じた友人（27・6％）、社会活動などを通じた仲間（18・8％）という結果である。ここでも「学校時代の友人」、「職場の同僚」、「仕事を通じた仲間」（18・8％）が高い数値となっているが、この数値も、私の予測では高すぎるので、このまま信じることはできない気がする。

つぎに健康に関する意識が集計されている。「健康に対する不安」の程度は、「多いに」（23・1％）、「時々」（49・8％）と7割以上の人が感じている。その内容は以下の点である。

①体力が衰えること（66・8％）
②がん、心臓病、脳卒中、など重い病気（61・0％）
③認知症になること（53・8％）
④介護が必要になること（53・1％）

⑤生活習慣病（52・4％）
健康の維持増進のために心がけていることは、①仕事や睡眠（51・8％）、②栄養のバランス、③規則正しい生活（47・2％）、④散歩・スポーツ・運動（44・2％）、⑤健康診断などとつづいている。

つぎに住宅環境についての意識をみると、約6割強の人が「文化、商業施設も豊富で、公共機関が充実したところ」を希望している。「自然環境に恵まれたところ」は1割、海外は1％となっている。6割強の人が希望しているのは、スーパー（45・8％）、駅やバス停（37・7％）、子供、親類の家の近く（34・7％）、病院、診療所が近い（34・3％）、在宅医療、在宅介護が充実している（14・7％）、友人、知人の家が近い（11・1％）などである。

住居形態の希望は一戸建持家（62・2％）、集合住宅持家（13・0％）、賃貸集合（2.6％）、公営（4・6％）、サービス付き高齢者住宅（9・2％）、有料老人ホーム（4・3％）という状況である。

高齢期の生活全般に関する意識について、不安の程度をみると、「とても不安」（36・2％）、「多少不安」（51・1％）、と9割の人が感じていて、感じないという人は1割である。

高齢期の生活について不安を感じる理由：①生活のための収入のこと（69・２％）、②自分や配偶者の健康や病気のこと（66・３％）、③自分や配偶者が寝たきりや身体が不自由になり、介護が必要な状態になること（61・９％）、④社会の仕組み（法律、社会保障・年金制度）が大きく変わってしまうこと（30・７％）、⑤自然災害（地震・洪水など）（29・８％）、⑥経済情勢が大きく変わってしまうこと（27・４％）、⑦頼れる人がいなくなり、ひとりきりの暮らしになること（25・９％）、⑧住まいに関すること（18・０％）、⑨親や兄弟などの世話（14・３％）、⑩子どもや孫などの将来（12・７％）。

不安を感じる理由は、収入、自分と配偶者の健康、自分と配偶者の介護がいずれも６割を超えていて、３大不安理由となっている。社会の仕組みの変化、自然災害、経済情勢の変化、引きこもりになることなどが３割台でつづいている。人間関係、社会関係などは、ひきこもりになることを除けば不安の理由としては、あまり表面に出てきていない。

最後に、国や自治体への要望は以下のようになっている。

①介護福祉サービス（58・６％）
②公的年金制度（56・９％）
③医療サービス（48・３％）

④働く場の確保（23・4％）
⑤育児・子育て支援（11・8％）
⑥高齢者に配慮したまちづくり（11・3％）
⑦老後の財産形成支援（10・9％）
⑧高齢者住宅の整備（10・5％）
⑨防災対策（10・5％）
⑩事故や犯罪防止（6・2％）

要望のほとんどは、健康、福祉サービスになっていて、文化、学習、社会参加などへの要望は、ほとんど出てこない。それは選択肢がないのが理由で、これが入れば、しかるべき数字は出てくるのである。

2 高齢者の地域社会参加の考え方

地域参加活動への考え方を多様な視点で調査している。ます、活動を活発におこなうための必要条件は、①経済的なゆとり（54・9％）、②一緒にする仲間（49・3％）、③時間的ゆとり（39・4％）、④情報（27・2％）、⑤施設、場所（23・4％）、⑥指導者、団体（18・6％）、⑦技術、技能（15・1％）となっている。

参加している活動は、次のような順序になる。（前者は平成5年、後者は平成25年数字）

①健康・スポーツ	18・9％	33・7％
②趣味	17・9％	21・4％
③地域行事	9・9％	19・0％
④生活環境改善	5・6％	9・0％
⑤生産・就業	3・9％	8・4％
⑥教育・文化	4・7％	6・8％
⑦安全管理	3・6％	6・7％
⑧高齢者の支援	4・2％	6・7％
⑨子育て支援	1・9％	4・7％
⑩その他	―	3・6％

平成5年と平成25年を比較すると、すべての項目で活動が増えている。なかでも、健康・スポーツ、地域行事、生活環境改善、生産・就業、安全管理、子育て支援などは2倍とい

う参加率である。これは大変な増加率といえるであろう。

活動をして良かったこととして、新しい友人を得た（48・8％）、生活に充実感ができた（46・0％）、健康、体力に自信がついた（44・4％）など個人的にプラスになる項目が、上位3位を占めている。「お互いに助け合うことができた」（33・9％）、「地域社会に貢献できた」（27・5％）など社会的なメリットは、残念ながら数値が高くない。調査は平成5年と平成25年を時系列で数値としているが、あまり変わらない結果となっている。

活動に参加するきっかけは、友人・仲間のすすめ（26・4％）、個人の意思（14・1％）、自治会、町内会の誘い（13・0％）、家族のすすめ（8・3％）、活動団体の呼びかけ（7・1％）、市町村からの呼びかけ（4・0％）など、友人・仲間のすすめが極めて高いことが注目される。参加している団体について、平成5年と平成25年を比較すると、以下のようになる。（前者は平成5年、後者は平成25年数字）

①町会、自治会	31・0％	26・7％
②趣味のサークル、団体	18・4％	18・4％
③健康、スポーツの団体	9・9％	18・3％
④老人クラブ	27・0％	11・0％

⑤退職者の組織　—　5・7％
⑥ボランティア団体　4・4％　5・4％
⑦学習、教養の団体　5・0％　4・2％
⑧市民活動団体　1・6％　1・6％

旧来型の団体である町会、自治会、老人クラブなどが減少しているのに対して、健康、スポーツだけが2倍に増加している。

その他の活動団体の増減は、あまり見られない。横ばいという感じである。学習活動への参加状況をみると、「参加していない」割合が、平成15年87・7％であったが、平成25年は41・6％と半減している。ということは、「参加している」割合が、さだめし増えるだろうと予測されるが、12・3％と14・1％で、ほとんど増えていないのが不思議である。明らかに少ししか増加していない。

具体的には、カルチャーセンター（5・4％、6・4％）、公共機関と大学（6・8％、7・3％）、テレビ、ラジオ、インターネット（2・0％、3・1％）など数字として大きく伸びていないようである。

つぎに、地区活動への考え方をみてみよう。地区活動をおこなうための必要条件を、平

成5年と平成25年とを比較すると以下のようになる。（平成5年と平成25年の数字）

自分自身の健康	—	58・6％
一緒に活動する仲間	53・3％	40・8％
時間や期間を拘束されない	41・0％	39・4％
活動場所が自宅に近い	46・8％	28・8％
肉体的負担が重くない	20・8％	24・1％
参加を呼びかける団体、世話役がある	31・8％	19・2％
これまでの技術・経験が生かせる	17・1％	17・2％
経済的援助	15・0％	8・6％

「健康」は平成5年ではデータを取っていないが、平成25年では50％台ときわめて高い。「仲間」、「時間」が2位、3位でつづいている。「これまでの技術・経験」はもう少し高くても良いように思われるが意外に低い。「経済的援助」を期待している人は少ないから、当然のことだが最低位である。

活動にともなう報酬についての考え方は、意外な結果が出ているように思える。「謝礼を受けるべきではない」が、平成5年と平成25年とを比べると、31・5％から43・3％に増えている。「交通費など実費は受けてよい」は45・0％から43・3％へ少しだが減っている。同じように「交通費など実費に加えて、謝礼、報酬を受けてよい」が45・0％から41・0％に減っている。

現在、無償ボランティアに対して、交通費実費に加えて、時給、日当はもらわないとできないという人が増えているという話を福祉や生涯学習の現場で話題になっている。また、活動する人も、そういう主張を持っている人が多いように感じていた。しかし、調査は明らかに、それらの意見を否定するものなので、高齢者の多くはどう考えているのか迷ってしまう。

最後に、高齢者が地域活動をする上で、国や自治体に要望する事柄は何かを聞いている。これも時系列で、平成5年と平成25年を比較すると、以下のようになっている。（平成5年と平成25年の数字）

①施設を利用しやすくする　（38・6％　41・9％）
②情報をもっと提供する　（35・2％　34・9％）
③施設を整備する　（23・2％　21・6％）
④指導者の養成　（25・0％　19・3％）

⑤資金的援助　（28・0％　17・8％）
⑥保険制度の普及　（4・4％　16・1％）
⑦税制上の優遇　（9・1％　7・7％）

高い得点としては、施設利用、情報が30％台、施設整備、指導者、資金などが20％台となっていて、7項目中5項目が割合において大きな違いがみられない。保険、税制の2つだけがやや低い割合となっている。20年間の変化については、もう少しわかりやすく数字が動くかと予想していたが、ほとんど変わっていない。数字で明確に違っていると思われるのは、資金（28・0％から17・8％へ減少）、保険（4・4％から16・1％へと増加）の2つの項目である。本来もう少し変化がみられてもよいように思う。

高齢者政策や支援に関する事項で満足している政策と力を入れてほしい政策の2つを聞いている。結果は以下のような数字である。（平成5年と平成25年の数字）

①医療　（25・0％　53・3％）
②介護・福祉　（20・7％　57・3％）
③公的年金　（16・0％　45・9％）
④まちづくり　（8・7％　21・7％）

⑤働く場　（5・1％　12・8％）
⑥ボランティア活動の場　（4・8％　8・4％）
⑦事故や災害の防止　（4・7％　12・0％）
⑧労働のための場　（4・6％　4・9％）
⑨人権の理解　（3・7％　7・8％）
⑩住宅　（3・6％　8・7％）

前者の満足している政策では、力を入れてほしい政策も高い数字の項目として、医療、介護・福祉、公的年金の３つがある。前者は20％に近いか20％を超える数字である。後者の力を入れてほしい政策も50％に近いか超えているのは、同じ項目である。４位以下は、前者ですべて10％以下。後者は、まちづくり、働く場は２ケタの数字となっている。６位以下では前者、後者とも10％以下で、１つだけ10％を超えた項目は事故・災害である。高齢者の地域参加を活性化させる方策を見い出すには、貴重な数字であろう。

第2章　先進事例にみる地域人材育成

一　文部科学省の地域人材シンポジウム

文部科学省は、平成26年2月に、省内講堂で、生涯学習推進課主催の「社会教育に関わる地域人材シンポジウム」を主催した。私は、近年、この課題に強い関心を持っているので参加させてもらった。会場には、自治体職員、地域活動に関わる団体、大学の教職員、100名が集まっていて、ほぼ満席であった。

シンポジウムの内容は3部構成で、1部は㈱ベルタス・コンサルティングに委託された調査結果の発表、2部は事例紹介で、稲城市は生涯学習課の下道敏行課長補佐、田辺市は三栖隆成課長がパワーポイントで発表した。3部は、地域人材の課題を共有するワークショップが宇都宮大学の佐々木英和准教授を講師によって進められた。いずれの内容も資料が豊富で検討すべき問題もたくさんあって、時間不足が否めなかった。しかし、新しい切り口、手法が提示されて、人材育成について得ることが多い集まりであった。

１　調査結果の報告

本調査の目的について引用すると、以下のようになる。

「主体的に地域に参画し、学習の成果を生かして地域活動をおこなう人材が地域で活躍することは、地域住民による主体的な学習や地域づくりを活性化させていく上で重要である。」

調査は、アンケート先として都道府県と市区町村の教育委員会で、回答率は１１１９件（62・７％）、ヒヤリングとして、先進的に取り組んでいる自治体と団体を抽出し、現地で実施した（実施数20）。住民が参加している活発な分野、講習会、勉強会（20・５％）、行事・祭の企画（18・０％）、まちづくり・地域おこし（９・９％）学校の支援（９・６％）などが多い。

地域活動における課題は３点にまとめられた。

１．高齢化の進展（49・７％）

２．参加者が少ない、減ってきた（27・９％）

3. 人材が偏っている（11・2％）

地域活動の活性化のための支援については、現状で「補助金・資金面の援助」（65・1％）、「広報」（42・3％）、「情報の提供」（41・4％）であるが、今後では、「リーダー養成」（54・7％）、「情報の提供」（47・6％）、「専門家や出前講座の派遣」（41・7％）などである。

地域活動の実践者やリーダーを養成する講座の開催は、「現在実施」で都道府県（75・6％）、指定都市（66・7％）、10万人以上（50・3％）という割合である。

「今後実施したい」では、10万人以上（63・0％）、1万人未満（52・0％）、1万人以上～10万人未満（51・8％）と中小都市の割合が高くなっている。

地域人材の発掘、養成のための取り組みは、

①各種取組の中で（37・5％）

②行事や祭りの運営で（32・5％）

③各種講座の中で（30・0％）

「専門的な実践者の養成講座」というのは23・7％で上位に入っていない。講座の進め方で「講義」（82・7％）が圧倒的に多く、近年、増えてきたといっても「演習・ワークショップ」は68・2％にとまどっている。「フィールドワーク」は23・8％ときわめて少ない。

地域活動のまとめ役の能力、経験、姿勢で求められているのは、5点である。

①自分や相手の意見をうまくまとめる
②相手の言いたいことを引き出しうまくまとめる力
③地域における豊かな人脈
④人と人がつながり集団活動に結びつける力
⑤中心人物には、ひきだし、まとめる能力が必要

生涯学習主管課が実施する事業への住民の参画内容は以下の5項目である。

①社会教育委員として参画（64・2％）
②各種委員会・協議会の委員として参画（60・0％）
③イベント等の企画・運営（49・8％）
④公民館運営委員としての参画（39・0％）
⑤市民講座等の講師（38・7％）

つぎにヒアリング調査結果についての結果を引用してみたい（調査対象20）。

社会教育に関わる地域人材の育成、連携の実態については、育成は3通りある。

①地域活動（イベント、行事）を通しての育成

②公民館等が主催する養成講座
③地域人材による自主的な学び合いによる育成
育成された人材の活躍については、地域拠点に所属、活動グループの立ち上げ（いわゆるOB会など）、自治体の事業に参画、情報発信の後方支援などがある。

地域人材の育成ポイントについては、以下の7項目がまとめられている。
①自主性の尊重
②人材同士のグループ化の促進
③学び・学び合いの習慣化
④「実践」と「振り返り」の繰り返し
⑤活動が楽しみ・喜びとなるようにする
⑥役割を与える
⑦生涯学習・社会教育に関する基本的な考え方の伝達
地域人材を取り巻く課題については、以下の4項目が出されている。
①高齢化の進展
シニア層への対応（高齢者の地域参加活動の促進　↓　特に男性）

現役世代の活動参加の促進　→　養成講座が他地区から来た人を巻き込む
②要員の不足
職員の異動が多くスキルが定着しない　→　研修体制の構築
職員の配置数が少ない　→　地域人材の巻き込み
生涯学習・社会教育の考え方を伝えることが重要
③他部署との連携の必要性（境界があいまいになってきている）
「講座の共同開催」「地域人材への教育」「社会教育施設の活用」を通じた連携を図る
④大学との連携
教員との連携　→　生涯学習・社会教育多岐な視点をもった教員との連携
学生との連携　→　教員を通じて学生も参加（ゼミ等）。若い層の取り込み

２　２つの事例発表

事例発表は東京都稲城市と和歌山県田辺市の２市があった。稲城市（人口８万人）は、都心から25キロ離れた郊外に位置し、大部分が多摩ニュータウンで開発された都市である。

平成14年に『第2次生涯学習推進計画』を策定し、推進の主軸として「いなぎＩＣカレッジ」を計画した。このカレッジは、15年10月にスタートした。

講座は、市民講師で開催する一般教養講座と平成19年にスタートした大学教員等によるプロフェショナル講座の2種類で、年度は4月から9月までの前期と10月から3月までの後期に分けられる。市の生涯学習の「中心的存在」と位置づけられている。運営は理事会20名によっておこなわれている。

業務は、総務、経理、企画、広報、一般教養講座運営、プロフェショナル講座運営の5つの委員会で推進されている。講座は、月1回と2回のコースがあり、1回の授業時間は2時間、受講料はすべて５００円である。ものによって、材料費の実費がかかる。プロフェショナル講座は、1回が７００円とやや高く設定されている。会場は市内の各文化センター、城山体験学習館、その他公共施設が使われている。広報、募集、会場を獲得、受講料の徴取、受講者名簿の作成などの業務は、教育委員会生涯学習課が担当している。住民主導の業務が多いが、行政も役割分担をしている。

こうした体制で運営してきて、平成25年度の講座実績をデータでみると、次の内容である。（表2―1）

表２―１　一般教養講座

一般教養講座	前期（講座数）	後期（講座数）
伝統文化	7	7
健康・ダンス	5	5
アート・クラフト	8	7
音楽	3	2
趣味教養	8	8
受講者数	448人	478人

表２―２　プロフェッショナル講座

プロフェッショナル講座	
前期（6）	老後の契約、味覚、歩く、栄養不足、名画、小笠原の自然
後期（6）	薬の使い方、人名・地名の変遷、知的機械と人間頭脳、宇宙、おとぎ話、屏風絵

プログラムの内容に関しては、一般教養という分類だが、伝統文化は、いけ花、抹茶、民謡、和装など実技の趣味、音楽はコーラス、キーボード、趣味教養は会話術、デジタル写真、クッキング、ハーブ、アロマなど、どれも知の探究という内容ではなく、実技によって楽しもうという種目である。全体として、趣味を学んで楽しみたいという目的も明確に出ている。

一方、プロフェショナル講座（表２―２）は、多様な大学の教員が専門分野の話をする連続講演会で、毎月１回開催されている（半期６回、年間12回）。ここで注目したかったのは、プロフェショナル講座のＯＢ会（ＩＣＣＰクラブ）が平成21年に生まれたことである。講師間の異業種交流や今後の登壇講師の獲得が目的で、年２回開催されている。

表2―3　会員数の変遷

	平成15年	平成19年	平成25年
プロフェッショナル講座	0(0名)	7(158名)	12(473名)
一般教養講座	14(207名)	53(734名)	58(926名)
合計	14(207名)	60(892名)	70(1399名)

会員数は100人を超しているので、これから、いろいろなことが期待できる。カレッジの成果については、講座数と参加人数の推移をみておきたい。

つぎに田辺市（人口8万人）は紀伊半島の真中に位置し、梅、ミカン、備長炭が名産である。平成19年に「生涯学習推進計画」の策定を和歌山大学と委託契約し作成した。計画づくりの特徴として、住民参加・参画による計画づくり（各公民館の実行委員会で半年間準備）に力を入れたこと、計画の実施段階で住民の協力（策定後の協働）が準備された。

目的達成のために、地域シンポジウム、生涯学習懇話会（18名の委員が年4回、他に自主勉強会6回）を通して答申を教育委員会に提出した。市がめざす生涯学習は「人をはぐくみ、人をつなぐ」で、重点アクションは以下の6本柱である。

①生涯学習都市宣言の実現
②地域生涯学習計画の策定
③地域コーディネーター養成講座の開設

④まちづくり市民カレッジの開設
⑤学社融合研究発表会の開催
⑥公民館職員のあるべき姿（指針）の作成

なかでも、地域コーディネーター養成講座に注目した。ねらいとプログラムは以下の如くであるが、講座対象者は市公民館推薦20名、一般公募10名、公民館主事19名で、日程は8月から2月までの年間6回である。

地域コーディネーター養成講座の主な内容

「まちづくりの主役はあなたです～生涯学習によるまちづくりとは～」
和歌山大学 堀内秀雄教授
「地域づくりと生涯学習力～地域コーディネーターに求められる資質～」
和歌山大学 出口寿久地域連携・生涯学習センター長
「子ども育ちと地域育ち～『共育コミュニティ』とまちづくり～」
和歌山県教育委員会 山口裕市教育長
「地域を知ろう！調べよう！～わがまち田辺の現状～」　現状視察
「秋津野ガルデンができるまで～グリーンツーリズムとまちづくり～」

農業法人株式会社 秋津野ガルデン取締役副社長 玉井常貴
「癒しと蘇りをあなたに～本宮地域活性化活動～」
NPO法人 熊野本宮事務局長 内野久美
「若者の定住化をめざして！～地域の力でここまでできる～」
和歌山大学観光学部 藤田武弘教授
「支え合いに愛を！支え合う心を地域づくりに‼～福祉と若者・福祉と高齢化～」
南紀若者サポートステーション 南秀樹
田辺市社会福祉協議会本宮地域事務所 折戸瑞穂
「研究発表会及びシンポジウム」
田辺市長 真砂充敏、 和歌山大学 堀内秀雄教授、 他
プログラムは以下の6回である。
1まちづくりの主役はあなたです
2コーディネーターに求められる資質
3子ども育ちと地域づくり
4本宮地域活性化活動

5若者の定住化をめざして
6支えあう心を地域づくりに
この他に「地域を知ろう、調べよう」という現地視察と講座終了後にシンポジウムが開催された。修了後の活躍について、教育委員（1名）、社会教育委員（4名）、公民館長（3名）、公民館の役員（30名）、各種団体での活躍（20名）と成果が報告された。
目玉的事業の2つ目は、「まちづくり市民カレッジ」である。
田辺市まちづくり市民カレッジ

重点アクションプラン：まちづくり市民カレッジの開催
魅力あるまちづくりを推進するために、地域の豊かな自然、歴史、文化、人材等を見つめ直し、ふるさと田辺を知り、学び、体験し、発信する「地元学」講座を開設する。
運営にあたっては、市民参画による企画会議を設置する。

◆実施年度　平成23年～25年度
平成23年度は「東日本大震災は田辺市のまちづくりに何を問うか」（全7回）を月1回

開設し、最終回に受講生が地域における行動宣言（マイ・マニフェスト）を発表した。平成24年には「危機の共有と市民力の形成」（全7回）をテーマに、専門家の講演を聞いて、マイ・マニフェストを発表した。25年には「地域の未来を創造する市民力」（全7回）を開催した。

3つ目は、「地域づくり学校」を、平成20年～22年度は経済産業省「地域新事業創出発展基盤促進事業」（1年400万円で3カ年）、23年～25年の市事業委託（1年300万円で3カ年）で実施した。上秋津地区（1150世帯の農村）で、この事業をおこない、座学で1泊2日で全5回にわたって民泊、農家レストラン、直売所を学び、農産物直売所、さかきの販売のコミュニティビジネスを立ち上げた。平成20年からスタートしたコーディネーター養成講座、まちづくり市民カレッジで住民が育ってきて、行動する人になっている。

3　地域人材の課題についてのワークショップ

この「地域人材についての課題共有ワークショップ」については、講師は宇都宮大学地域連携教育研究センターの佐々木英和准教授である。ワークショップのねらいはテキストによると以下のように書かれている。

「本ワークショップでは、地域人材というテーマについて、『現実把握・目標設定・方法提案』といった三段階に分けて話し合いを進めることにより、短時間で効率的に議論を広げて深める会議手順を体験してもらいます。未来に向けて自分たちの地域にどのような活動ができ、どのような方向に向かうべきかなどの前向きなヒントが明らかになるようにします。」

まず、最初に、ファシリティターの意味についての説明がなされた。それは、「一人ひとりがなめらかにぶつかりあえる空間の創出」で、一方通行になりがちな教えることとは違うことである。そこで支援の目標が「見識をひろげること、深めること、体験をしてみること」が強調された。

つづいて、話し合いと聞き取りが求められて、近くに座っている2人1組の会話をおこなった。私は千葉県から来た中年の公民館職員が相手だった。彼は仕事の最大の問題として、予算の減少を話した。私は、各地で人材育成講座をやっていて受講生募集が難しいことを聞いてもらった。

２人とも、地域人材の育成は、思いの外に難しいことを共有した。佐々木講師は「現実の透明化、理念の明確化、方法の具体化をする」ことを、受講生に求めた。その手順として、以下の5つのステップが説明された。

①暫定的定義
②現実把握
③目標設定
④方法選択
⑤効果予測

これを話し合うために、近くの席に座っていた栃木県から来た女性学習団体の役員と話をはじめた。この人達は、学習会や集会をする場所を予約することが、だんだん困難になってきて困っているということだった。

この現実にどう対応していくか、簡単な方法がない、借料の安い公共施設の確保が難しいので、高くても民間施設を借りる以外にない。とすれば、解決策は、資金をかせげる経済活動をはじめるということを語った。

佐々木講師の話は、「人材育成のあり方を考えるための目安」に入っていき、A3版のシートに現実と理想（人材と人材育成）の項目をポストイットに記入することが求められた。

人材についての理想と現実について、佐々木講師は、自分の意見はあまり語らずに、これまで話し合いをしてきたメンバーと回答を得ることを促した。女性の役員達は、地域のネットワークが円滑に運ばないこと、グループ内の人間関係が難しいことを語った。問題点は、いくらでも出てくるが解決策を話し合う時間は不足した。

同じように、人材育成についても、養成講座に取り組んでいる自治体は、まだほんの少数で、私達のグループに入った人のところは、導入されている自治体はなかった。自分の所属するサークル活動では、先輩が後輩を導くということはおこなわれているが、十分ではないという意見が多かった。内部発掘についても、それは同じで、私は持論の自治体が人材養成講座と銘うった事業を数年は実施することとＯＢ会を支援して、後続の活動者のレベルアップを施すことの２つを説いた。

グループの話し合いでは、これだけで時間が終わり、講師の求めた手法、条件整備については、残念ながら話し合いができなかった。

最後に、講師は、地域人材について考えていく手順について、現実把握（現実の透明化）、理想描写（理念の明確化）、方法の選択化（方法の具体化）を示した。また、人材育成について考えていく手順について、以下の５項目を説明した。

①暫定的手順（テーマ設定）
②現実把握（数値化、課題化）
③目標設定（理念の指定）
④方法選択（基本方針、具体的指針）
⑤効果予測（期待される成果、想定すべき課題）

これらの手順や方法を住民が身につけるには、たくさんの時間や精進が必要であろう。問題は、そうした住民が一つの自治体や公共施設から何人出てくるかである。私は最低でも10名は必要で、これをどうするかが重要と再確認した。

二　コミュニティで創る新しい高齢社会のデザイン報告会に参加して

独立行政法人科学技術振興機構の「コミュニティで創る新しい高齢社会のデザイン」と

いうプロジェクトは平成22年からスタートし、26年２月に、23年・24年度採択の事業が経過報告会を開催し、３月に22年度採択の事業が３カ年で終了し、成果報告会が開催された。

私は２月の報告会には出席できなかったが、３月の４プロジェクトの成果報告に参加することができた。全３回の採択数は17件で高齢社会の問題解決に向けた新しい成果（プロジェクト）として注目される。２つの発表会は、これまで取り組んできた活動成果を多くの人々と共有し、意見交換をすることをねらいとしている。

平成22年度採択プロジェクトは、４本でタイトル及び報告者は以下の研究者である。

「開会挨拶・領域紹介」秋山 弘子（領域総括／東京大学高齢社会総合研究機構 特任教授）

「平成22年度採択プロジェクト成果報告」ディスカッション・質疑応答

「新たな高齢者の健康特性に配慮した生活指標の開発」

鈴木 隆雄（独立行政法人国立長寿医療研究センター 研究所長）

「在宅医療を推進する地域診断標準ツールの開発」太田 秀樹（医療法人アスムス 理事長）

「ＩＣＴを活用した生活支援型コミュニティづくり」

小川 晃子（岩手県立大学 社会福祉学部教授・地域連携本部副本部長）

「セカンドライフの就労モデル開発研究」

辻 哲夫（東京大学高齢社会総合研究機構 特任教授）
「まとめ・閉会挨拶」

1 開会挨拶と領域紹介

まず最初に、開会挨拶と領域紹介ということで、東京大学高齢社会総合研究機構の秋山弘子特任教授が研究開発領域の目標と全体計画について話した。目標は以下の3本柱である（同書6頁）。

1．フィールドにおける実践的研究を実施し、高齢社会に関わる問題の解決に資する新しい成果（プロトタイプ）を創出する。
2．高齢社会に関わる問題の解決に資する研究開発の新しい手法や現場を評価するための指標を創出する。
3．本領域の研究開発活動を、研究開発拠点の構築と関与者間のネットワーク形成につなげ、継続的かつ広範囲に展開される原動力とする。

全体計画としては、目標達成のためのアプローチとして、2つのアプローチがあって、平成22年度研究の選考結果も示された（本報告書７頁）。
「カテゴリーⅠ」（2～13↕百万円／年×３年）
社会の問題を解決するための選択肢を提示しようとするプロジェクト（研究開発のあり方や科学的評価のための指標等の体系化など）太田ＰＪ、鈴木ＰＪ（ＰＪ　プロジェクトの略）
「カテゴリーⅡ」（20～30↕百万円／年×３年）
社会の問題の解決に資する具体的な技術や手法等について、その実証までおこなおうとするプロジェクト　小川ＰＪ、辻ＰＪ

選考結果は平成22年度応募総数１１０件、採択数６件という少なさである。応募は国立大38件、私立大26件、企業12、ＮＰＯ６などで、研究開発の運営は、「介入型マネジメント」とあまり使われていない言葉を使い、実際にコミュニティに関与し、現場の事業や活動の軌道修正してもらうことも、しばしばあると強調した。研究の方法としては、現地訪問（サイトビジット）、合宿、シンポジウム等社会との意見交換、ＷＥＢによる情報発信などをおこなった。

さらに、目標は研究のための研究でなく、事業化と普及定着であるから、後半のプロセスが重視された。加えて、各プロジェクトを有機的に結ぶネットワーク、問題解決のための「高齢化課題解決リソースセンター」の構築がめざされている。

このセンターは「長寿を喜べる生きがい創出と持続的な社会システムづくりを推進」するアクション支援拠点で、主なミッションとして、つぎの5項目と知財パッケージ（8項目）が出されている。1．まちづくりアーカイブ作成、2．現場への啓発・情報提供・支援、3．科学的エビデンスに基づく政策・施策提言、4．国際的拠点形成、5．リビング・ラボ等。

知財パッケージは1．高齢者の就労・社会貢献、2．高齢者の社会参加施策、3．高齢者生活支援策、4．高齢者の移動問題解決策、5．健康長寿・虚弱化予防策、6．地域包括ケア推進策、7．認知症ケア・予防策、8．ＥＮＪＯＹ・快適生活支援策である（本報告書11頁）。

2　高齢者の健康特性に配慮した生活指標

「カテゴリーⅠ」（Ｐ95）は標題の開発で、生活機能とはＷＨＯ（世界保健機構）のＩＣＦ（国際機能分類）の基本概念で、「心身機能・構造」（心身の働き）、「活動」（身の回り動作な

図２―１　老研式活動能力指標の年代差

全国サンプルの比較［%］

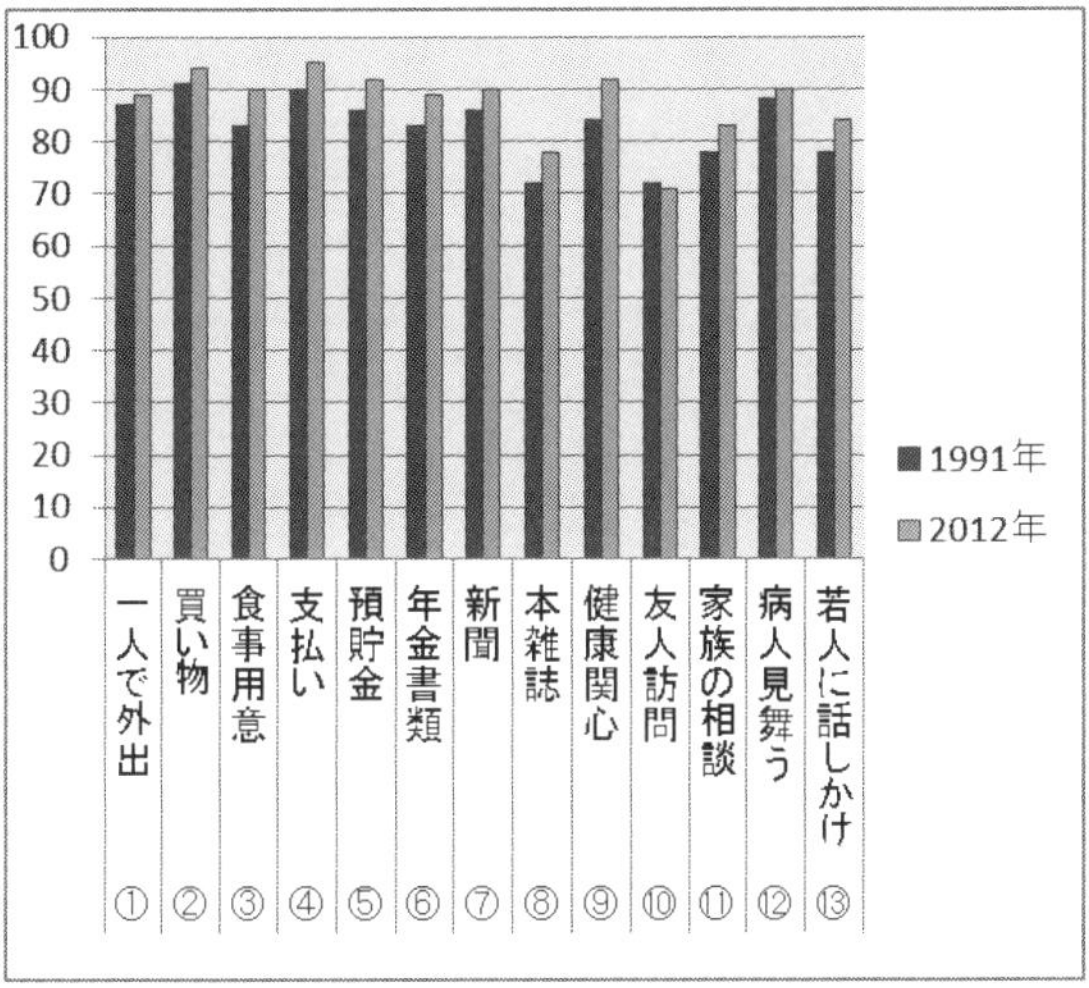

どの生活行為)、「参加」(家庭や社会の中での役割)の３つである。

ここでの成果として、①新活動能力調査の開発、②調査の妥当性の検証、③老研式活動能力と高い正の相関（本報告書13頁)。

高齢者の自立生活の促進のためには、かつては13項目で解明することができたが、この20年間で高齢者の健康度は、「歩くスピード」を取り上げても、かってとは、まるで違う。また、社会的貢献度も大きく変わってきている。「老研式活動能力指標」では、測定できなくなってきた。多くの高齢者が満点をとってしまうのである。(参照図２―１)

そこで、現代の高齢者に合った新しい指標を作る必要がある。新指標の作成に当っては、2度の全国調査、都内A区、愛知県の非都市部で住民調査をおこない、研究者、協力者（各分野の専門家）のヒアリングをおこなって、以下の4つの能力指標の因子を取り出した。「社会参加（地域組織や行事への参加や社会貢献をおこなうこと）」、「新機器利用（新しい機器を利用すること）」、「情報収集（様々な領域の情報に触れること。情報に対するリテラシー［信ぴょう性の判断など］を持つこと）」、「生活マネジメント（家庭生活を安心・安全・快適に営むこと）」。

このプロジェクトの今後の展開について、指標のマニュアルの作成と指標の有用性を含めた普及と啓発が重視されている（同書19頁）。

今後の展開

①新活動能力指標の使用マニュアルを作成

一般市民、自治体、専門家と誰でも正確に使用できるよう準備

②指標の有用性を含め、普及・啓発

行政による地域健康高齢者の健康度チェック

■地域住民全体の健康度、活動度の診断、介入事業の評価

健康度、活動度のセルフチェック
■より早期の介護予防・孤立予防
高齢者の生活機能・活動能力の研究
■老研式活動能力指標よりも高次の能力が測定可能

質疑では、65歳以下のコミュニティ活動をしている人の実態を知るために、指標を当てはめてみてはどうか、いきなり社会貢献をしなさいと聞かれても、多くの人が、すぐにできないので困る。領域アドバイザーの柴田博教授から、これらのことは制度、政策に深く関係しているという発表があった。

3　在宅医療を推進する地域診断ツール

このプロジェクトの研究開発目標を引用させてもらうと、以下の如くである（本報告書21頁）。

①現状と問題の科学的分析に基づく在宅医療が普及しない要因分析
②在宅医療推進のための協議組織の設置と地域住民を含めた関係者との認識の共有を通

じた、学際的、職際的な在宅医療の普及方策を開発

③在宅医療推進地域診断標準ツールの開発と国内外への普及

まず、在宅医療の定義について、

「生活の場で、通院困難者に対して、医療者が訪問して患者・家族の希望を汲んで提供する全人的・包括的な医療」

「望まれれば、住み慣れた、居心地のよい生活の場で看取りまで支える医療」

地域居住の継続は、自己実現、尊厳、安心につながり、それは、在宅医療への期待となっている。在宅看取り率には地域間格差がある。全国平均は18％であるが、長野、岐阜、三重、和歌山などは30％台である。逆に低いのは北海道、東北、九州、四国などである。

本プロジェクトは「住み慣れた場所で望めば最期まで安心して過ごせる地域整備」を学際的に評価する地域指標診断ツールを開発する評価領域は、以下の7つである（本報告書24頁）。

1．地域で提供される医療
2．利用する住民の意識
3．住民どうしの支え合う力

4．専門職間のネットワーク
5．基礎自治体（権限、領域）
6．地域での専門的な介護
7．入院施設で提供される医療

統計分析の対象地域は人口５万から20万人の中規模都市（５４８）の地域包含支援センター（人口２～３万人）にしている。評価項目で「基本版」では地域連携で市区町村主催会議で福祉関連機関の参加数、コミュニティで公民館・図書館数、医療やまちづくりに関連したＮＰＯの数、利用者意識で、福祉用具貸与、手すりなど設備がある世帯率などが上っている（本報告書26頁）。

「発展版ツール」では、以下の項目があげられている（本報告書27頁）。

在宅医療（訪問口腔ケアの実施状況、在宅医療チームの存在など）
入院医療（在宅復帰、退院者カンファレンス、リハビリなどの実施状況など）
在宅介護（介護職の医療行為への協力、短期入居サービス、ケアマネの評価など）
市区町村行政（在宅医療推進に向けた独自な活動、市区町村の長の関与など）
地域連携（地区医師会の関与、地域連携システムの整備状況など）

コミュニティ（地元メディア、参加意識、住民の互助など）

利用者意識（在宅医療に対する受け止め方、在宅医療を始めた行政など）

質疑では、在宅医療は家族の負担が大きくなる、これはどうしたらいいのか。それ故に家族だけでは負担できないので、コミュニティという協助、行政の手助けという公助が必要なことという答えがあった。死亡の場について8割が病院という国は、欧米でも存在しない（平均各国4割台）。これも、何とかしなければならない。

議論は、在宅介護を進めるには、どうしたら良いかというテーマに移り、福祉は行政が変わらないことには変わらない。医師会の役割も見直していかなければと意見が強かった。

4　ICTを利用した生活支援型コミュニティづくり

プロジェクトの主催は、岩手県立大学地域連携本部で、支援機関・団体として、医療機関、福祉機関、いのちの電話、傾聴ボランティア、買い物代行、送迎ボランティアが協力している。達成目標として、家庭用電話機から「お元気発信」を市町村社会福祉協議会の生活支援相談窓口が担当する。フィールドは盛岡市中心街（20）、同ニュータウン（20）、郊外のスプロール地区（１０８）、過疎地の宮古市川井地区（旧川井村37）の４カ所が選ばれた（カッコ内はモニター数）。

安否確認は、ワンプッシュで発信できるようになっているから、知的障害、認知症でも対応できる。これをさらに発展させて、高齢者の異変や生活支援に対応できる施設と支援体制づくりが始まっていて、「げんき、少し元気、悪い、話したい、頼みたい」で情報発信すると、「まごころ宅急便（ヤマト運輸）」が地元のスーパーから、高齢者が発注した品物を届けてくれる。

これは、平成25年から導入されるようになって、本研究で有効性を検証したところ「生活支援サービスへの評価」は「大変良い」（51・7％）、「どちらかといえばよい」（44・８％）、「評価できない」（１・７％）と圧倒的に評価されている。

「今後の成果を地域に残す」という、これからの方向性について、以下の項目が出されているので引用した（本報告書35頁）。

1．岩手県、青森県内では、社会福祉協議会の事業と連携し継続発展
2．震災復興への成果移転（平成23年度〜）
3．医療・福祉の見守り連携

4．多様なデバイス活用（スマートフォン・テレビ等活用）
5．第5次おげんき発信(岩手県におけるICTを活用した孤立防止と生活支援型コミュニティ研究会発足)
6．平成24年度採択「健康長寿を実現する住まいとコミュニティの創造」（代表：慶応大学伊香賀俊治先生、高知県梼原町）と連携
7．ICTを活用した見守りの標準化と体系化（日本遠隔医療学会みまもり分科会）
8．「まごころ宅急便」はヤマト運輸により全国展開へ

また、ICTを活用した孤立防止と生活支援型コミュニティづくりの動向について、つぎの項目が出されているので、紹介しておきたい（本報告書35頁）。

1．緊急通報システム「福祉安心の電話」平成1～24年
2．新型福祉安心電話（平成22年～26年）
3．第2次おげんき発信（平成20年～26年）
4．第3次おげんき発信・ICT活用（平成22年～25年）
5．第4次おげんき発信「被災地におけるICTを活用した生活支援コミュニティづくり」（平成23年～25年）

6．連絡員タブレト・スマフォ見守り、テレビ見守り（平成24年～26年）
7．第５次岩手県におけるＩＣＴ活用孤立防止とコミュニティづくり（平成26年～）

質疑では、ＩＣＴでない援助・支援についても考えてもらいたい。民生委員の役割、かかわりも重要ではないか、有償の生活支援との連携も今後も大事になる。地域の互助機能を組織化していく方法についても研究してもらうなどの要望が寄せられた。

5　セカンドライフの就労モデル開発

ここでも、他のプロジェクトと同じように、開発、目標、主な成果についての文章を引用させていただく（本報告書37頁）。

研究開発目標

1．セカンドライフの生き方に合った働き方で、住んでいる地域の課題解決に貢献する「生きがい就労」事業モデルを創造し、持続的な事業運営を確立する
2．「生きがい就労事業」が高齢就労者の健康や生きがい感に与える効果、地域の人と人のつながり、経済・地域福祉財政にもたらす効果を検証する

主な成果

1．「生きがい就労」の創出

①「農」「食」「保育」「生活支援」「福祉」の5つの領域にて、9つの就労モデルを創造

②174名の生きがい就労を実現

2．「生きがい就労」の効果の検証

①当該事業が高齢者自身等に与える複線的な効果を検証

3．高齢者就労マニュアルの作成

①事業所開拓から、希望者募集、就労時・就労後の支援まで網羅

②事業運営で必要となる資料サンプル（依頼書、案内書、セミナー資料等）も記載

問題の背景について、「現役を引退した高齢者の多くが新たな活躍場所を見出せないで自宅にこもる」、その結果、個人も社会も極めて不健康になっている。その原因は、個人にも責任があるだろうが、「セカンドライフを支援するシステムが確立していない」ことも大きな要因になっている。

この問題の解決策として、このプロジェクトでは就労をすすめる。ただ、その形態は従来の雇用ではなく、「無理なくできる範囲で働く（就労時間、場所、内容の調整）、地域貢献、趣味を活かす、人との関わりを求める」のである。それを「生きがい労働」と定義づけている。

開発の成果について、開発の体制は柏市、東大、ＵＲ都市機構、市内に拠点を持つ企業、住民が協働する団体である。全体事業統括組織として、柏市豊四季台地高齢社会総合研究会を作った。事業開発として９事業に取り組んできた。

「生きがい就労」開発実績～事業者の開拓と雇用実現：①休耕地を利用した都市型農業事業、②団地敷地内を利用したミニ野菜工場事業、③建替後リニューアル団地における屋上農園事業、④コミュニティ食堂、⑤移動販売・配食サービス、⑥保育・子育て支援事業、⑦学童保育事業、⑧生活支援・生活充実事業、⑨福祉サービス事業（本報告書39頁）。

その後、事業者の開拓をおこない、雇用を実現したプロセスをマニュアル化して、他の地域への伝播（一般化）をおこなった。普及のために、事業者の開拓として，就労セミナー、心身機能の検査、就労体験の見学会も開いた。こうして就労してみると、どういう効果が得られたかについて、事業者と就労シニアにヒヤリングをおこなって、次のようなデータが得られている（本報告書42頁）。

事業者

「早朝や午後の少しだけ短時間の労力がほしいときにシニアの就労は助かる（短時間だけでは若者を雇用できない）」

「若者は教育コストがかかるが、高齢者はかからない、即戦力として活躍してもらえる」

「最低賃金レベルのコスト（学童保育のみ雇用者と同賃金）で有能な人材を雇用できるのはありがたい」

「高齢者に周辺業務を担ってもらえることで、保育士や介護士が本業に専念できて、事業全体としてのパフォーマンスが上った」など

就労シニア

「シルバー人材センター等から年齢を理由に全く働く場所を提供してもらえなかったが、こうして新たに働くことができて嬉しい生きがいになった」

「地域に友人がいなかったが、新たに仲間ができてよかった」

「僅かながらも年金以外の収入が得られることで、旅行やおいしいものを食べるといった新たな楽しみがもてて嬉しい」

「何よりも生活のハリができて、規則正しい生活に戻った、就労のある日は身だしなみを整え、気分的にもハリを感じる」など

取り組まれた実践によって、シニアの新たな就労の形ち（５領域９事業）がゼロから開拓し、６００名の柏市住民（高齢者）の雇用を実現、研究では、「高齢者の就労による効果に関する科学的な検証」を実施した。政策では、「生涯現役社会づくりに向けた政策」への進言をおこなった。

今後の課題として、本組織の機能について、以下の項目を出しているので引用させてもらった（本報告書43頁）。

本組織の機能：①地域課題の把握、②地域資源の把握～リタイア高齢者の積極的な把握、③高齢者の就労能力評価方法の開発と保有、④高齢者活用・活躍モデルの開発と保有、⑤地域の事業者に対する啓発活動と雇用の場拡大を推進、⑥地域住民に対する啓発活動とマッチングの推進ほか。

質疑に入り、プロジェクトを進める中で、どのような点に苦労したかに対して、地元の住民の協力を取りつけること、参加者集めが大変だったという回答であった。また、「生きがい就労」に積極的に取り組んでくれる人の意識啓発も、それほど容易ではない、とい

う意見もあった。

領域アドバイザーの岡本憲之日本シンクタンクアカデミー理事長からは、新しい分野の就労に導くシステムづくりが急務という提案があり、農業分野で各地で成功例が出てきているという報告もあった。

三　神奈川健康生きがいづくりアドバイザー協議会の活動

一般財団法人健康生きがい開発財団は、平成3年、厚生労働省の認可を得て発足した。主たる事業は、中高年の健康生きがいづくりアドバイザーを支援する人材育成と資格認定で発足以来、全国から2000名が講座を履修して資格を取得した。現在も養成講座、資格認定をつづけて、都道府県レベルで修了者を会員として協議会を組織して活動をおこなっている。

私は、当初から評議員を依頼されて、講座のテキスト執筆、講師、調査研究の委員などを務めてきた。修了者が個人として、地域や職域で活躍することが求められるが、ＯＢ会として、力を倍増させて、地域に貢献することも大事で都道府県レベルで財団本部の支援もあって地方協議会が旗上げした。神奈川協議会は、かねてから、活動状況において最も活発で人数も多く、常に先進的な活動に取り組んできた。機会を見て取材したいと思っていて、平成25年10月の研修会に出席して関係者のヒヤリングをおこなった。

1　本会の目的と活動内容

一般社団法人神奈川健康生きがいづくりアドバイザー協議会（大橋欣三会長）は平成7年に会員90名によって設立された。その目的と事業内容は、以下のように定款に記されている。

第3条当法人は、健康生きがいづくりアドバイザーとして、中高年の健康と生きがいづくりを支援することを目的とし、その目的に資するため、次の事業及び活動をおこなう。

(1)健康生きがいづくりに関する講習会、セミナー等の開催
(2)健康生きがいづくりに関するイベントの企画、開催及び支援

(3)健康生きがいづくりに関する講師、アドバイザーの派遣
(4)健康生きがいづくりを支援する事業
(5)成年後見制度に関する事業
(6)社員相互の資質の向上、情報交換、親睦のための活動
(7)その他前各号に掲げる内容に附帯又は関連する事業及び活動

組織は理事会（20名以内、任期2年、再任は妨げない）、事務局、地区ネット（9地区）などから構成されていて、活動内容は、講師活動、サークル活動（11）、新規活動などが主である。定期会議として、総会（毎年6月上旬）、理事会（月1回、第2月曜日）。諸活動として、機関誌の発行（月報）、『とまり木』（年1回、秋）、IT活用推進（メールを使って会員同士が情報交換）、定期研修会（年数回）などがある。

活動内容の主要なものを紹介すると、地区ネット活動は、以下の9地区で、横浜北（286人）をトップにして、多くが100人台、横浜戸塚だけが100人以下である。

地区ネットの主な活動は、月1回の定例会、相互研鑽（情報交換）、行政、地域との連携案件の検討、かながわ健生クラブへの支援、地域コミュニティ活動などをおこなっている。

表２－４　地区ネット名と担当エリア一覧表

地　区 ネット名	設立年 (平成)	担 当 エ リ ア	人数	平均出席人数
横浜中央	11	鶴見区、神奈川区、西区、中区、南区、保土ヶ谷区	127	11
横 浜 南	10	湘南区、磯子区、金沢区、栄区	112	9
相鉄沿線	14	瀬谷区、旭区	108	9
横 浜 北	11	港北区、緑区、青葉区、都筑区	286	24
横浜戸塚	10	戸塚区、泉区	68	6
川　崎	11	川崎区、幸区、中原区、高津区、宮前区、多摩区、麻生区	114	11
三　浦	10	鎌倉市、横須賀市、逗子市、三浦市、葉山町	129	11
湘　南	10	平塚市、藤沢市、小田原市、茅ケ埼市、南足柄市、寒川町、中郡、足柄郡	163	14
県　央	10	相模原市、大和市、座間市、伊勢原市、海老名市、秦野市、厚木市、綾瀬市、愛甲郡、足柄上郡	150	14

表２－５　サークル活動の現状

サークル名	実施回数	参加延人数	平均出席数
①なんでもみんなで勉強会	12	218	18.2
②健生ハイキングの会	14	265	18.9
③健生グーリンゴルフ会	2	35	17.5
④美食クラブ	7	281	40.1
⑤健生ADL体操の会	12	91	7.6
⑥コントラクトブリッジを楽しむ会	24	223	9.3
⑦神奈川健生音楽団:発表会他	多数	3,336	
⑧女性交流会	3	73	24.3
⑨句楽会	14	82	5.9
⑩布絵を楽しむ会	11	63	5.7
⑪カラオケを楽しむ会	27	367	13.6
合　　計		5,034	
⑫よりよい生きがい研究会	4	16	4
⑬目指せ健康百歳倶楽部	4	37	9.3
⑭男子専科(なんかせんか)	10	151	15.1
合　　計	18	204	11.3

かながわ健生クラブは、平成11年に「神奈川を知ろう」をテーマに、自然、歴史、文化、産業に触れる定例活動をこれまで350回おこなってきた。定員は火曜、木曜、金曜の3つがあり、各100名で年会費5000円、交通費など実費は、参加者持ちである。

講師活動は、自主講座として、健康生きがいづくりアドバイザー（AD）養成講座（16名）、退職前後のライフプランセミナー、講師のスキルアップ講座をおこなっている。行政との委託講座として、地域デビュー、ボランティア入門、仲間づくりなどが多い。この点については、私が定期研修会に参加させてもらって、取材しているので後で詳しく言及する。

サークル活動は、平成24年度で14存在し、各々が活発に活動している。詳しい活動内容については、年報『とまり木』33号20～27頁で紹介されている。どこの会も、平均して月1回の活動であり、親睦と仲間づくりが目的である。

2　会費収入を中核に助成事業に力を入れる

活動内容の戦略は紹介してきたが、現在（平成25年）の活動は、どういう状況になっているかを見ることにしたい。本会は3年毎のビジョン計画（平成23～25年）を策定して、その線に沿って、各年の事業計画を立案している。こうした試みをおこなっている会は珍しいが、私は、高く評価したいと思っている。

そのビジョンは、５本柱で構成されていて、主な内容は以下の通りである。

①社会貢献活動への取り組み

かながわ健生クラブ、講師活動

成年後見制度（成年後見センターの設置）

ウォーキング（神奈川の旧街道を歩く会、ノルディックウォーキング、ポールウォーキング）

②地区ネット活動の活性化

サークル（健生音楽団、美食倶楽部など）

地域活動への主導的役割

③女性会員の活動促進

④若年会へのサポート

⑤ビジョン検討部会の提案

事務所の確保、コミュニティカフェの検討

(3)は、三人称関係の活動拡大という柱で、サークル活動に会員以外の一般参加者比率を50％以上に引き上げたい、それによって、AD養成講座、ライフプランセミナーなどの受講につなげたい。(4)は、収益活動の拡大で、成年後見制度の取り組みや講師活動など働く場の確保によって、収入拡大につなげる。行政や各団体などとの協働も、収入拡大の方法として取り組み、将来的には、コミュニティビジネスに発展させたい。(5)は広報活動の強化で、ホームページの充実、地域のタスク、展示会などへの積極的な参加が掲げられている。こうしたビジョンに基いて、平成25年度の事業計画が立案された。総会に出された多くの事業は、これまで見てきたような内容が列記されているので、再掲することはしない。改めて紹介するとしたら、新規事業についての内容をみていきたいと思うので、以下で引用させてもらった。

(1)新規活動・事業のニーズ調査・研究
(2)社会貢献活動としての成年後見センターの活動開始及び相談業務・申立て支援業務への取り組み
(3)行政との協働事業・委託事業への取り組み並びに促進
(4)超高齢未来検討部会からの提言への取り組み、促進

①ワンストップ・サービスの実施拡大
②40歳代のライフプランの策定・研究
(5)ビジョン検討部会から提案された下記事業の促進
①福祉有償移動サービス
②障害者ガイドボランティア
③自分史作りのお手伝い
④独自事務所保有に関する具体策の調査・推進

私の判断では、(2)成年後見センターの相談業務・支援業務は、有償で収入をともなうと考えていたが、本会の予算表の収入をみると、項目が立てられていないので、金額も出ていないように思われる。(5)の業務も、４つの事業が出ているが、これらも収入金額は明示されていない。これは「事業の促進」と書かれているが、収入は現状ではないようである。

こう見えてくると、収入が獲得できているのは、(3)行政との協働・委託事業は、講師活動収入として50万円があって、講師をした人の謝金として60万円が支出されていると見ることができる。同じように(4)のライフプランの策定で参加した会員が研修に出講すれば、当然のことだが講師謝金が支払われることになる。

このように考えると、新規事業で収入を得ることを強く希望しているが、現状では、確かな収入の獲得は難しく、模索段階と評価しなければいけない。予算表からみると、収入の大部分は、年会費1人6000円が210人として126万円、健生クラブの会費135万円、ノルディックウォーク（NW）も県観光課からの委託事業、各支部の参加料が100万円が主な収入で427万円。主な支出としては理事会交通費21万円、郵送費9万円、地域活動支援費22万円、事務局9万円、「とまり木」印刷費8万円、HP作成費4万円、健生クラブ活動費105万円、講師活動費60万円、NW活動費92万円などとなっている。

このように見てくると、収入も支出も金額の高い活動は、収入も多額だが、支出も多額で、当会の他の活動に金をふり向けることは不可能であることがわかる。会費収入だけが事業費、交通費、広報渉外費など使える金ということになる。こうした運営方法は、旧来から多くの団体がおこなっていた会費中心の運営で、本会はそこから脱皮して、収益活動なり、従事した会員に、負担時間に応じて、時給や日当を支払うということはできていない。活動に応じた報酬の支払いは考えているが、それは現段階では難しいといわないわけにはいかない。

3　定期研修会に参加して

本会の活動について詳しく知りたいと思って、平成25年10月に開催された定期研修会に参加して取材もおこなった。当日のテーマは、「行政との協働事業の拡大」で発表者は、地区ネットの事業を進めている４担当者で、コメンテーターは、地区ネットの代表が務めた。私は、最後に、ゲストとしてコメントを求められたので、自分の気づいたことを話させてもらった。

①鶴見区生涯学級開設の経緯　種田守
②旭区と相鉄沿線ネットの取組　田原睦夫
③講座セミナー取り組み方　卯《う》尾《お》直孝
④行政から見た協働事業企画のポイント　大下勝巳

この①鶴見区生涯学級会を区と協働で開催するために、ワーキングチームが作られて、講座開催の申請書を記入し、区に提出して、講師に依頼して、チラシを作成し、開催の運びとなった。25年３月から、開催の９月から10月にかけて、全６回の経過について、実に詳しい報告がなされた（A４判５頁）。

これを読むと、こうした区への申請は、どのようになされ、チラシの作成、広報、募集など一連のプロセスが、誰でもわかるようにつづられている。協働の作業分担について、区と会の作業分担は書かれていないが、私の判断では、予算（助成金）と会場は区が準備して、それ以外の仕事は、すべては、会の方がやったのではないかと思う。

プログラムについては、「地域デビュー支援講座」で、定員20名のところ、男性６名、女性11名であった（参加費用１５００円）。代表のコメントとしては、これまでの行政主催事業への参加で担当者と知り合ったことが幸いであったことと、多くの会員が手伝ってくれたことがありがたかったとのことであった。
②平成17年から「動かないと何も起きない」をモットーに会員の有志が、旭区、瀬谷区、泉区地域振興課生涯学習担当にアプローチし、各種イベントに参画し、健生活動をＰＲ。21年から旭区40周年記念「プラチナ世代チャレンジ講座」（10講座）に区と協働して、健生で１講座を担当した。
23年、地域振興課「地域デビュー講座」に会員が出講した。

活動の相手として、区の関連各課と協働するためにゼロからスタートし、担当者の移動、引継ぎなし、無理解などの難問に苦労しながら、ねばり強く交渉し、協働の講座開設に至ったかが報告された。会の強みは交渉する会員が、区在住者であり、一貫して同じ職場を担当していることである。

③前半では、「行政と協働事業（講座、セミナー）」の取り組み方について、協働の意味、協働の手法（補助、助成、委託、後援、事業協力）、情報収集力、企画力、講座運営力などについての話があり、後半は実施事例についての説明があった。事例として、⑴神奈川県と神奈川健生との協働事業と⑵青葉区と横浜北地区ネットワークとの協働事業が報告された。

前者⑴は、平成18年、県の指定テーマ「団塊世代の地域デビュー支援講座」に企画書を提出し35万円を取得し、全12回、定員30名、講師は会員10名が担当、受講料６０００円で開催した。もう一つは、19年に「人生を２倍楽しむ大人のボランティア入門講座(全12回)」、委託料52万円を随意契約でとり、会員15名で講師を務めた。

後者⑵は、青葉区と横浜北ネットトとの協働事業で、22年「健康・生きがいボランティア講座」（全３回）で補助金35万円、会員７名が講師を務めた（参加費３００円）。

④行政から見た協働事業企画は、行政にない市民活動団体ならではの持ち味、パワーを生かして協働事業をおこなうことで、大きな効果を得られる。住民の特徴として、先駆性、

専門性、地域性、きめ細かな対応などがあげられた。

協働事業を担う市民団体、グループの例として、以下の4点が説明された。
①5人以上の会員で組織されていること
②組織の運営に関する規則（規約、会則など）があること
③予算・決算を管理していること
④1年以上継続して活動していること
最後に、ゲストで研修会に参画した私は、会議全体のコメントを求められたので、いくつかの気づいたことを話した。

1つは行政へのアプローチで、やる気のある会員が想像以上の苦労をしていることが、改めて感じられた。会員は住民であるが、行政との接点が、これまで無であった。いろんな機会に担当者と知り合いになって、協働事業を働きかけている。とにかく、あきらめないで、くい下っていくやる気を期待したい。

2つは、会員がこれまでの仕事の経験、退職後に健生の研修で学んだノウハウを身につけて、講座やイベントに関する企画力、運営力を身につけている人が多い。協働事業にエントリーして、パスすれば、本日の発表のように、十分に事業を遂行し成果を上げること

ができる。その数は地区センターに所属する会員の実力を結集すれば、かなりの仕事はできる。大切なことは受注を取ることである。

3つは、現状の報告は、行政からの委託は、会員の人件費は無償を前提にしている。しかし、これからは有償でなければ、後続の若い人は入会してこない。今後は、この面の開発が必須のことになる。

4　本会の課題を探る

本会の課題と見通しについて私なりの視点を述べてみたい。視点として、いろいろと考えてみたが、1つは、人（会員）の多さと多様なキャリアと経験を持ち、仕事の能力が高い人が目立つ。会員数210名（男性157名、女性3名）でもう少し女性が増えて、女子力を発揮してもらうと良いと思う。これだけの人材が会員にいれば、かなりの事業が可能になる。現在は、恐らく会員のポテンシャルの2割位で事業をおこなっているのだろう。全開できたら、事業は3倍位こなせると思う。

2つは、組織について、高く評価できるのは、下部のボランティアである。これは、現在、県下に9カ所あって、毎月定例会を持って、各自が独自な活動をおこなっている。交通事情、親近性、在住の強みなどを発揮して、これからも自治体との関連を強め、接触を密にして、事業参加、受注、出番の確保をしていく必要がある。

仲間づくり、懇親、楽しみを求めたサークル活動（11団体）も大事な組織である。ここで会員同士が日頃から親密な人間関係を作り、親しくなっていれば、センター毎の事業、本会全体の事業への参加、手伝いも活発になる。

3つは、資金についての問題であるが、予算書をみて、本会は210名の会費（124万円）が主な財源として運営されていると見ることができる。すでに指摘したことで、くり返しになるが、収入額の多いのは、健生クラブ活動収入135万円で、これは、火曜会（69名）、木曜会（56名）、金曜会（67名）の会費及び活動費用の会費収入である。これは支出としてほとんど活動費で外に出ていっている。30万円程度の差があるが、こまかい出費項目として消えていって、本会に残せる金はなさそうである。

同じことは、NW（ノルディックウォーク）活動についても言えそうで、会費や活動費として、100万円があったが、支出として92万円出てしまっている。NWについては、制服、運動グッズなど他の団体がおこなっているような物販が考えられるが、現状では、それはおこなっていないようである。免許所有者の指導料は、会費の中に入っていて、特別には徴収していない。

最も金額の多い2分野について見てきたが、収入を得る確実な方策は実施されていない。例外的に講師活動が各区からの委託事業で入っている。これは、具体的には、講師を務めれば、講師料として個人がもらうことになっている。会が行政と協働して開催した講座の企画や運営を手伝っても、いかなる収入に結び付かない。無償の活動ということになる。運営の原則として、もの・施設がある。

活動をしていくのに、多くの団体で定期に活動をする場が問題になる。単発で講座や集会、イベントを開催するのであれば、１カ月前の予約で、それほど問題は発生しないのだが、連続の行事、講座の場合、予約しなければいけない回数も多くなるし、曜日、時間帯も一定にしなければならない。これを予約するのが難しいのである。

関係者のヒヤリングでは、この問題はほとんど出てこなかったので、あまり問題になっていないのだろうと見えた。連続ものの講座などは、ほとんど行政との協働事業なので、行政が特権をもって先行予約してくれている。当会独自に連続ものを開催することは、ほとんどないので、問題化していないのだろうと思った。

最後に、情報については、ニューメディア対応は、ホームページにしても、月報も、会員にメールで送信されている。更新もスムーズにおこなわれていて、問題はないようだし、オールドメディアとしての活字情報は、月報であらゆる実践活動が会員や関係者、取引のある外部の人に送られる。会全体の年1回の詳細なレポートは『とまり木』(最新の32号、平成24年版)はA4判33ページと立派な年報である。

情報交流という面では、理事会は月1回、地区ネットの定例会も月1回持たれて、あらゆる活動内容が話題として提供されて、情報の共有がなされている。特に理事会では、地区ネットの活動が各理事から報告されて、次の活動をおこなうのに情報の相互理解は重視されている。本会は他の都道府県協議会の見本になる活動をたくさんしている。それだけに全国から注目されていて、今後の歩みが期待される。

四　八王子志民塾の特徴と評価

私が八王子市民活動協議会（石井利一理事長）の開催する「はちおうじ志民塾」に興味を持っていたのは、第１に基礎課程（全10回、20科目）、専門課程（全８回）と受講時間の長いことである。第２に受講対象が、地域ですでに活動をおこなっていて、ボランティアでなく、プロとして活動したいという志を持っている人に限定していること、市の市民活動推進課の主催で、受講料を３５０００円も取ることの３点である。

機会をみて取材してみたいと思っていたところ、平成25年７月の入塾式で基調講演「社会参加をはじめてみよう」を依頼されたので、懇親会で講師、受講者、事務局スタッフ、OBなどたくさんの人から話がきけた。その後、事務局の大山健三センター長、担当の植村昇理事、１期修了生でセンターの岩田博次部長を取材し、12月の修了式にも出席して、同塾のプログラム、受講者の特徴、課題と評価、成果などについてまとめてみることにした。

1　志民塾のプログラム

本塾の内容は、7月から9月までの基礎課程（全10回）と10月から12月までの専門課程（全9回）の2課程からできている。ねらいとしては、次の文が募集要項に書かれている。

「自身の経験や能力を再確認し、自分の〝海図〟（進むべき道）を探す場です。夢の実現のためには、まず環境を整える必要があります。

一歩をふみだすために必要な前提条件を整理し、さらに人生を振り返り、次を見据えた準備をするカリキュラムです。」

本塾のミッションは「自らの可能性に気づき、自分らしい生き方を実現するためのサポートをおこなうこと」ともアピールしている。25年度の開催要項を見ると以下のようになっている。

開催要項

平成25年度募集人員：30名

応募資格：市内在住・在勤で地域に根ざす活動をしたいという意欲あふれる概ね50歳以上

の男女。
申込期限：平成26年6月30日（日）まで
受講料：基礎課程15000円・専門課程15000円
会場：八王子労政会館（明神町3丁目5-1）他

塾の特徴として指摘できることは、講師陣が実務家が多く、大学教授のように理論研究を中心にやってきた人は1人と少ない。したがってプログラムの内容が、社会貢献、地域活動を担っていきたいという実践的にサポートすることに主眼を置いている。

受講料についても、基礎、専門とも各15000円で、市内で提供される講座では、破格に高い料金を設定している。主催者の掲げる特徴は、オリジナルカリキュラム、座学は1回で、メインは、現地体験、グループワーク、OBのサポート、人的ネットワークづくりの推進など4点である。

表2―6基礎課程の講座プログラムは、全10回で、土曜日の午後2コマである。第1回に基調講演「地域参加をはじめてみよう」を依頼されたので、入塾式に参加させてもらった。八王子市長が開会挨拶をして、その後に、私が講演をおこない、オリエンテーションで講師、スタッフの紹介、講座スケジュール、受講での注意点などがあって、5期生の自

表2－6　基礎課程の講座プログラム

No	月日(曜)	テーマ	講師
1	7/6(土)	入塾式、オリエンテーション、 基調講演：地域参加はじめてみよう 自己紹介(1人3分)	瀬沼克彰
2	7/13(土)	八王子を知る 地域への第1歩	八王子市政策審議室長 木内基容子 結コーチングオフィス 鈴木純子
3	7/20(土)	地域で必要なコミュニケーション	中小企業診断士 増田功
4	7/27(土)	人生の棚おろし	HRDアソシエイツ 前田恒夫
5	8/3(土)	町会・自治会の実践例 市民活動の実践例	唐松町会パークマンション フェーシタン長池 富永一夫
6	8/24(土)	市民活動団体を知る	きよぴ&トマト 片貝剛 他3名
7	8/29(土)	コミュニティビジネス(CB)	CBサポートセンター 永沢映
8	8/31(土)	起業をする 市民活動支援センターの使い方	サイバーシルクロード八王子 市民活動協議会 大山健三
9	9/5(土)	基礎課程を振り返って	市民活動協議会 岡崎理香 他3名
10	9/14(土)	セカンドライフを企画する	HRDアソシエイツ 前田恒夫

己紹介（1人3分）が出身地、経歴、受講の動機などがおこなわれた。

基礎課程の内容について紹介すると、第2回以降、八王子を知る、職場から地域へのコミニケーションなど、地域のことを学び、4回で人生棚卸しという自分を知って、5回以降9回までは、地域活動の体験である。10回目の最後は「自分の海図をつくる」というセカンドライフの設計図を書いて、それを発表する。

これだけの多様な学習と体験を、講師による座学ではなく、少人数のグループ・ワークでおこなうので、これまでの経験や知識・技術を組み立て直して、受講者は大変な進歩をするのではないかと思う。既述のように、プログラムは、体験が重視されているから、個人では、経験できないことが、グループで参加できるメリットは大きい。

つぎに、専門課程は、地域活動実践コースとコミュニティ・ビジネスコース、企業コース等3コースがある。地域活動コースは全8回で、座学として理論を学ぶのは、第1回の「NPOの歴史と役割」の1コマだけで、それ以外は、実習としてのNPOの実務、市内の市民運動の現状の3コマがあって、第3回以降は、すべて、実践活動の説明と現場体験である。この部分が学習内容として最も重視されているわけである。私も、宇都宮大学、桜美林大学で同種の講座を開催してきたが、どちらでも、運営のスタッフが必要になり、その要員の配置ができないので、社会教育主事講習（夏休期間的に9‐10月実施）以外は、現場に出ていって、講座を開催することはできなかった。開催のために、主催者は、講師以外に数人のスタッフが配置できないと運営が難しい。

このコースでは、第4回以降、活動事例を知るというテーマで町の商店街、甲州街道を使ったいちょう祭り、精神障害者の就労支援施設、町会、自治会（めじろ台会館）、長池自然館などで現場体験をしている。講師は、第1回のNPOの説明以外は、すべて、活動を先導している市民活動のリーダーである。運営側として、本部スタッフが参加し、現場体験を効果的にするためにサポートをおこなった。現場体験は、原則として、午前9時30分からスタートして、午後5時という一日がかりである。

専門課程のコミュニティビジネス（CB）コースは、全9回で、第1〜3回は、「創業に必要なリソース」で地域課題、CBの創業、CBの継続が主任講師からあって、市内の事例発表、グループ分けをおこない、事業計画書のワークショップ、実践のポイントを学んで、グループ別に事業計画書を作成して、最終回に発表し、各メンバーとの意見交換、講師の講評を経て修了となる。

3番目の企業コースは、全6回でサイバーシルクロード八王子に全面委託で、第1期から開催しているが、受講者が毎年2〜3名ときわめて少ないのがまことに残念である。

表２－７　専門課程の講座プログラム

No	日付	テーマ	概要	講師
TK-1	10/19(土)	市民活動の知識① 日本の市民活動を学ぶ	①NPOの歴史と社会における役割 ②NPO法人の実務知識 設立から経営まで	①山岡義典 法政大学名誉教授 ②大福族生 八王子市活動協議会 事務局長
TK-2	10/26(土)	市民活動の知識② 八王子市の市民活動を学ぶ	①八王子の市民活動の現状 ②パネルディスカッション 「市民活動のあれこれ」	①浅野里江子 八王子こども劇場代表 理事 ②添田繁實 NPO法人ケアセンター 八王子顧問 西山富保 NPO法人滝山城跡群・ 歴史と自然を守る会 理事長吉田恭子 NPO法人エンツリー理事長 楳津聡 八王子市協働推進課主査
TK-3	11/2(土)	市民がつくる 「いちょう祭り」と 市民活動団体との関わり	夏の「八王子祭り」に対し 秋の「いちょう祭り」は市民が皆で協力・グループ討議	大竹浩司 (いちょう祭り実行委員長) 浅野里江子 大福繁實
TK-4	11/9(土)	八王子の町を知る	八王子の町を実際に 歩きながら学ぶ 集合JR八王子駅:11:45	太田國芳 (くちコミ隊長) (八王子市拠点整備部次長)
TK-5	11/16(土)	いちょう祭り実体験	いちょう祭り本部や「わくわく広場」の活動に参画	浅野里江子 大福繁實
TK-6	11/30(土)	代表的なNPO法人の活動事例を学ぶ	精神障害者の就労支援、 自立生活支援 集合:京王堀之内駅改札口 10:30	風間美代子 (多摩草むらの会代表理事) 藤田修作 (多摩草むらの会事務局長)
TK-7	12/7(土)	町会・自治体活動の実態を知る	めじろ台町会、めじろむつみクラブや風の会	大石智史 (めじろ台四丁目町会会長) めじろ台1～4丁目町会役員他
TK-8	12/15(日)	自主訪問報告会	長池自然館 午前:任意参加 里山クラブの報告会 午後:自主訪問報告会 Q＆A	富永一夫 フュージョン長池理事長

2　受講者の特徴

修了者の属性について集計してみると、年齢は男性は61歳、女性は59歳と、両者はあまり違いがない。出身は、市内という人は2人、広島、香川、大阪、岩手、山形、栃木、埼玉、神奈川、山梨など多様である。興味深かったのは、中心部の旧市内に住む人は少なく、大多数が新市域に住んでいることである。

入塾式で、自己紹介と入塾の目的、志を全員が発表した。かつては自分の受講目的が明確に言えずに、受講を通して探したいという人もいたが、5期では、そういう人は、ほとんど見られなかった。市内で開催されているシニア向けの自己啓発、地域活動実践講座では、受講中に何か探したいという人がたくさんいるが、本講座には、それは当てはまらない。それでは、どういう活動をめざしているのかを分類してみると、支え合い（5人）、趣味（2人）、健康・スポーツ（1人）、就業（5人）、教育・文化（1人）、環境美化（1人）、福祉・保健（5人）などであった。この他にまちづくり、国際交流などの人もいた。

こうした動機で、7月から12月まで基礎、専門コースを学習して、修了後、何をするのかという決意表明が、卒業式で植村理事の司会進行のもとで一人一人発表された。司会者のアドバイスで、発表はなるべく具体的な話にして欲しいとの意見を受けて、そうした方向で語る人が多かった。

それらをまとめてみると、シニア施設を作りたい（卓球場、デイサービス、カフェ、一芸を披露できる舞台など）、野菜の出荷、児童画展覧会、住宅設計などなどがあった。多くはこれまでやってきたことを見直して、改善して、再構築したいという考えである。具体的なプランを出すことは、いろいろと考えても無理などで、自分のしたいことを迷いながら発表するという人も何人かはいた。

私は、これらの修了者が、今後どのような活動を決意表明の如くしていけるのかが、とても興味があった。幸いなことに、卒業式での発表もふまえて、挨拶をして欲しいと依頼された。はじめに、７月から全10回の基礎コース、10月からの専門コース全９回の学習を休まずに受けたことを労った。市内では、市の提供する生涯学習コーディネーター、高齢者活動コーディネーター講座、各種ボランティアなどたくさんの人材養成講座が開催されている。

これらの講座は、原則として受講料が無料で、養成の目的は無償でおこなうボランティアの人材発掘と育成であった。それに対して、本講座は2コースで3万5000円で、ボランティア育成ではなく、コミュニティビジネス（CB）、起業、有償によるボランティア育成を目的としている。私の考えでは、アドバンスコース（上級）と思える。多くの受講者は、これまでに、前述の講座の履修者が何人もいた。また、大学や別の学習機関で継続的に学習をおこなってきた人は少なかった。

要するに、初級的内容は学習済みで、その上の学習内容を希望していた。市内でおこなわれる唯一といって良いこの講座を選択したことは評価される。こうした人達の集まりだから、グループワークや体験学習は、さぞや効果があったであろうと思える。とにかく、大変な体験をされたたし、目標となる先輩から得る点も多かったであろう。

これから激動のまちづくりを先達者として良い方向に変えていってもらいたい。特に、これからの地域が超高齢社会の到来で経済は停滞し、多方面にわたる社会問題が多発する。行政だけで対応ができる時代ではない。元気な高齢者（退職者）が中心になって、中年層、若年層を巻き込んで、行政の手がとどかない分野の担い手となってもらいたい。

現代社会は、個が孤立してしまって、横の人間関係が築けないで、弧の状態に落ち入っている。何とかして心ある元気な高齢者が手をつないで、修了者が中核的人材になって、関連の団体と連携して活動してもらいたい。そのために身近な小さなことから着手して、改善していきたいものであると結んだ。そのために、講座で学んだことを活用して、同窓の仲間と手を組んでがんばってもらいたいと訴えた。

3　塾の評価

本塾への評価について、私なりに述べてみたい。プログラム全体につては、すでに述べたので、主として運営について言及したい。まず、事務局の役割について、気づいたことは、センター長、事務局長代理、情報部長、ファンド部長、啓発部長などの主要メンバーが、本塾の修了者で、塾の運営の中核部分を担っている。

この事業は、市協働推進課からの受託である。運営のリーダーや主たるメンバーが修了者であるから、内容を熟知して、改善点も良くわかっている。通常、こうした講座は、スタート時に作成したプログラム、講師など主要な事柄は、めったに5年や10年変わることがない。

しかし、この講座は、毎年、受講者、講師、関係者の声や意見を聞いて、少しでも好ましいと考えられると、検討の上で修正している。こうしたことはとても珍しいことで評価できる。

２つ目はＯＢのサポートである。各回の学習会には、可能な限りＯＢが出席してサポート役を買って出ている。これは受講者にしてみると、大変なプラスになる。いろいろな経験を持つ先輩から教えてもらう事柄は多い。

入塾式にも、卒業式、懇親会でも、受講者とほぼ同数のＯＢが参加していることもびっくりさせられた。ここで接触した人脈は、活動の時にＩＣＴからは得られない知識や情報が得られるだろうと思う。

３つ目は修了後、これから先の活動は、まことに本人しだいということになるだろう。前述のように、本塾の場合は、仲良しグループや趣味サークルを期待している人はほとんどいないから、何らかの形で地域活動に入っていく。最後の講師あいさつでも言及したのだが、有償への道は、予想以上に厳しい。受講生の志と活動をうかがって、特に気になったのは、彼らの多くの人が、あまりにもいろいろなことに触手を伸ばして、時間とエネルギーを散発していることである。

有償とはプロへの道であるから、力量を増して、人脈を拡大していくには、自分の持てる力を発揮させないで収れんさせなければならない。古語を引用するならば錐でギリギリ穴を空けるように、１点に集中した場に、時間、エネルギー、能力のすべてをかけていかないと、ユーザーの要求に答えられない。

残念ながら、受講生の考え方がそこにいかないで、アマチュア、好事家の如くに聞こえてならないのが気になったので、あえて注意をすることにした。修了者から、何人専門家が出てくるか気がかりであった。

本塾の第１期から出講している慶応大学ＳＦＣ研究所の前田恒夫氏は、企業内の人材研修が専門で、この講座を企業人ＯＢのセカンドライフキャリア実現の視点から評価をしている（前田恒夫「自立的地域人材育成のための仕組みづくり」〈人材育成学会発表論文〉平成25年　全６頁)。

この調査は、過去４年間の修了者１０３名にアンケートを郵送し、回答してくれた27名(32％）にヒアリングした結果をとりまとめている（１期４名、２期６名、３期８名、４期９名、男性23名、女性４名)。

いくつかの興味深い結果が出ているので、引用させてもらった。１つは、修了後の活動への影響で、「新たな輪のひろがり」６件、「役立ち感の実感」６件、「相互支援の実感」４件、

「自身の立ち位置の変化」、「市民団体、行政への貢献」、「自己認識の変化」各々2件などの回答がみられた。

講座の役立ち度は、活動の選択肢、地域社会への意識転換、キャリアプラン作成の順に出ていた。フォローアップ役立ち度は、「塾生同士の交流会」、「市民活動支援センター」、「卆塾生によるサポート」の順に出された。

調査を通じて気づいた、この塾の改善課題として、次の点を指摘している（同書6頁）。

①講座募集の際のイメージの明確化（講座の目的、求める人材像）

②講座カリキュラムの中での卆塾生の活動事例紹介や担当講師としてのアサインメント

③講座修了後のサポートの仕組みの充実化（卆塾生活動事例紹介の定例化、専門家によるサポートやコンサルテーション）

また、調査結果から見えてきたコメントとして、以下の文が書かれたので引用したい（同書6頁）。

「地域社会活動におけるリーダー像の1例として、多様な価値観を尊重の下、複雑多岐な利害を調整しつつ、相互支援を軸とする人間力発揮の調整型リーダーやサーバントリーダー的な人材像が浮かび上がってきた。

さらにこれらは、地域社会でのセカンドライフキャリアを実現する上では、多様な価値観を持つ人達のコミュニティの中での新たな役割開発（居場所探し）と新たな満足源の開発（生きがい探し）の重要な要素を含むものと考えられる。」

４　塾の成果のついて

受講生として、第1期に修了し、その後は修了者として、この講座のサポートを毎年務めている岩田博次氏は「志民塾について（全12頁）」という私見レポートを書いている。これは、前半でプログラムについて、基礎課程の基調講演、ワークショップ、海図づくり、専門課程、ＣＢコースなどの感想、後半で志民塾の役立った点、課題、提言などについて執筆している。

私は、それらを読んだ上で、２回にわたってインタビューをして、受講者の感想を聞きとることを試みた。前半のプログラムについては、概略をすでに紹介したので、ここでは後半の志民塾の受講者を代表する意見として、引用させてもらった。まず、第１に、役立った点について、ベースプログラムは「これまでの人生を振り返って自分の行動がコーディネーター役にむいていること」に気づいた。専門課程のCBでは、講師から「いろいろなところにビジネスチャンスがころがっている」ことを教えられた。ワークショップでは、塾生有志と長期にわたって行動することにより、メンバー間の連帯感が生まれ、修了後もOB会として活躍している。

第2は、充実が望ましい点として、修了後すぐに独立を目指すのは難しいから、自分が共感する団体に所属し、経験を積んでから独立することが良い。それで要望として、いろいろな団体とのコンタクトする機会を増やして欲しい。もう1つの要望は、OBがプログラムのできるだけ多くの役割を引き受けてサポーターになってもらうことである。

これら2つの要望は、話合いの場でも、関係者の理解を得て、第4期から取り入れられた。

3つ目は、受講している時の障害として気づいたのは、入塾時で、「志を持っている」ことが求められているが、実際には、そのレベルまで達していない人も少なくない。プログラムの運営で、この志をあまり出し過ぎると、やはり、そのレベルでない人は、引け目を感じたり萎縮するので、この塾の事業内容に志と共に、「自分の経験や能力を再確認し、進むべき道を探す」というフレーズを入れてもらいたい。これは受講の障害にしてはまずいということである。

２つは、これから活動する団体との触れ合いや加入を支援してもらうと共に、団体訪問して、会員と話し合いの場を設定してもらいたいと思ったが、３期までは難しかった。しかし、４期からは、前述のようにプログラムに取り入れられるようになった。

第3は、講座の成果について、岩田氏が述べていることは、この塾の成果についての言及である。１つは修了生の９人が当協議会の理事に就任していることである。これは、私が講座の出口と呼んでいる活躍の場の獲得である。その役職をみると、支援センターのセンター長、事務局長代理、広報、ファンド、啓発、情報の４部長、センター事務局２名と支援センターの主たる仕事の責任者になっている。

彼は協議会の主なプロジェクトとして、NPOパワーアップ事業、志民塾の中心メンバーとして、仕事をしている。この他に、市内の団体活動のリーダーとして活躍している人は多い。岩田氏は、この塾を修了したことによって、つぎのような方向に歩み出している。

協議会の理事及び情報部長として、週数回、センター事務局に勤務している。３年にわたって、東京都からの助成で「NPOパワーアップ事業」に実行委員会事務局長として従事している。お父さんお帰りなさいパーティーの事務局長を務めている。この事業は、平成25年版「高齢社会白書」のコラムページにて掲載された。市生涯学習課主催の「生涯学習コーディネーター養成講座」修了生のOB会で副会長になっている。後輩へのアドバイスを書いているので引用させてもらった（所感20頁）。

「私にとって「志民塾」はセカンドライフの源でとても大事なものではあるが、唯一の物ではない、プラットフォームである。これをきっかけにさらに他の勉強をしたり、新たな出会いがあった。したがって、志民塾を卆塾したらすぐに何かができると考えると過大期待となる。」

第3章　地域における学習団体の活性化

一　研修会にみる人材育成

地域の生涯学習を活発化させていくには、自治体の関連予算が年々減少している状況で住民パワーの活用しかないという考え方が強くなっている。予算及び職員削減状況で、事業の縮小に追い込まれている自治体の中で、状況を変革するには、担い手として住民の人材育成しか選択肢はないと考える自治体は、ここへきて急速にやる気のある住民の研修に力を入れはじめた。

私は、こういう熱心な声を聞くと、喜んで訪問させてもらって、講義をしたり、グループワークを支援したりアドバイスをしている。

平成26年に入って静岡県東部地区社会教育振興協議会、都下あきる野市、地元の八王子市などで講師を務めたので、どのような組織で住民を育てる研修をおこなっているかレポートしてみることにしたい。

1　静岡県東部地区の研修会に出講して

静岡県東部社会教育振興協議会（東社振）の「富士・沼駿ブロック研修会」が平成26年1月に長泉町文化センター・ベルフォーレで開催されて、私は講師を依頼されて出講してきた。当町は県内で最も人口増の町で人口5万人に近づいている。東レをはじめ有力企業に恵まれて、三島駅に近くベッドタウンとしても発展している。

東社振は1964年（昭39年）に東部地区18市町村が加入し、昨年50周年を迎えた。事務局は長い間県教育事務所に置かれていたが平成18年に独自の事務所を借りて、職員も採用し自主運営をおこなっている。主な事業として、社教委員と市町の社教関係の職員研修に力を入れている。

東部地区全体を対象とした研修会が2回（100名近くが参加）、ブロック研修会（3カ所）60～70名参加を開催してきた。参加対象者は社教委員250名、行政担当職員150名である。会の収入は、市町の分担金方式で、196万円に加えて補助金25万円で合計221万円、支出は、2つの研修会と機関誌発行（月刊）が主な費用である。

今回の研修会は、はじめに、南山和聖東社連会長らが開会の挨拶をして、来賓挨拶で静岡県社会教育課井上裕史主任社会教育主事が祝辞を述べてスタートした。

講演は90分与えられていたので、「住民主体の生涯学習をどう進めるか」について、社会教育委員と行政職員の役割を中心に話をした。

この10年間の行政の対応をみると、全国的に職員は定員削減で半分と減少され、予算額も、どの自治体も半減している。行政は人と予算で仕事をするといわれるように、この2つが半減したということは、事業の内容の学級、講座、イベント、情報提供などが半減したことであり普通といえる。

ところが、最も参加者が多い学級、講座の件数及び受講者数は平成11年と20年を比較すると16万件、763万人から27万件、1262万人に増えている（文科省『社会教育調査』平成21年版）。

これは、まことに不思議な数字で、行政のパワーが落ちて提供数が大幅に減少したところが、住民パワーが行政に代わって学級、講座を作り、公共施設を借りて提供したということである。もし住民パワーが力を発揮しないで、これまでのように何もしないでいたら、受益者たる住民は、学習機会や学習情報や学習相談の機会を大いに失ったであろう。

現実はそうならずに、各分野で量的に2倍近くに増加し、質も従来通りの行政提供の講座とやや異なる内容の学習機会に接することができた。これは大きな変化の現象であると思う。量の拡大も大事なことだが、質の変化も注目しなければならない。私も、この点で注目しているのは、行政の住民へのサービス姿勢として「いつでも、誰でも」というキャッチフレーズに代表されるように、質はいつになっても初級・入門の繰り返しが多かった。

しかし、住民が強くかかわったり、企画も運営も住民がおこなうことで、よりレベルの高い講座が提供されるようになり、それは、市民大学のように、その都市名を冠した代表事業として脚光を浴びるようになってきている。

だから、私の主張は、初級・入門の講座は行政中心に継続して、住民主導や行政と住民の協働事業は、初級・入門の修了者の受け皿として、より上級のレベルの学習を中心に提供することが望まれる。それを市民大学とか市民塾という名称で呼ぶならば、全国的に住民主導が活発化する傾向と共に、これらが全国各地で台頭してきたのである。

私は、かつて平成8年に、宇都宮大学に勤務している時に、市民大学の全国調査をおこなった。その数は４００で、行政主体２８０、住民主体１２０ということであった。この調査は、平成23年に、ふたたび行ってみたところ、住民主体は１７０を選びだすことができた。この調査では、費用、人手の関係で行政主導は調査対象にせずに、住民主体のみに限定した調査である（拙著『生涯現役の社会参加活動』日本地域社会研究所２０１１年）。

住民主体について少しだけ言及すると、生涯現役系10、雑学系30、清見潟系40など系列化が進んでいることを発見した。一方、行政主体のものは、大ホールでの有名人の読み切り連続講演会を市民大学（市民塾）という名で呼ぶケースが増えている。かつての行政主体の公民館講座、老人大学などが受講料無料が多いのに対して、住民主導のものは行政からの予算はもらっていないので、受講料をとって、それを講師料、会場費にあてて運営している。今後、当地域でも、旧清水市の清見潟大学塾のような規模の大きい市民塾がつぎつぎとできてくるだろう。本日の会場を引き受けた長泉町は「わくわく塾」（全42講座、受講者１０００人）という市民塾を平成14年から開設している。

午後からは意見交換会が同会の佐藤眞吾事務局長の司会で開かれた。最初のうち、質問や意見が出るかと思っていたが、つぎつぎと手が挙がった。それらの代表例を紹介すると、住民主導の生涯学習に移っていった時に起こる弊害はあるかという問いである。予算の減少、住民が元気になるなど弊害はあまり考えられない。これまで活動は無償ボランティアでやってきたが、本日の話に出てきたボランティアの有償化について可能性はあるかの問いに対しては、5年6年とボランティアを一生懸命やっていると疲労が大きくなってきて、ある時、ぽきりと心も折れて、投げ出してしまうことが、しばしば見受けられる。

活動をつづけて、力量をつけて、後続の人を指導したり、支援する人に成長したら、指導料に当たる費用は、交通費、研修費用、講師との打ち合わせ時の茶代などの実費は取れるようにしたい。このちょっとした費用が疲れをいやし、活動源になる。

地域でいろんな事業をやっても、来る人は常にくるし、こない人は、いくらさそっても来ない。このふり向かない人はどうしたら良いのかに対して、熱心に声をかけ、一緒に会合までつれていってあげる、行事のない時も相談相手になるなど、熱心な心くばり以外に道は開かれない。参加者の皆が楽しんで喜んでいる姿に接したら、つぎは来てくれると楽観的な答えを語った。１時間はあっという間に来てしまって会をとじる時間となった。

2 「生涯学習コーディネーター養成講座」に出講して

平成24年度、あきる野市の養成講座も第８期生を迎えた。自治体によって違うが、２年から３年で閉講してしまうケースが多い中で、足立区の12年、八王子市の10年につづいて長期に継続していることに敬意を表して、本年の講座に出講させてもらった。

期日は6月13日から27日までが基礎講座で「本市の生涯学習」、「生涯学習の先進事例に学ぶ」、「コーディネーターの役割」と3回が開催された。つづいて、7月4日から8月5日まで、5回が「講座の企画と運営」、「学習情報の収集と発信」、「グループ討議」、「自主企画講座の企画」、「学習成果の発表」のプログラムである。

毎年、出講して感心しているのは、OB会である生涯学習コーディネーターの会の会員の役割と参加状況である。役割については受付、資料配布、講座の司会とあるが、なによりも評価されるのは、講師を8回のうち5回も担当していることである。ここで取得したノウハウが、毎年、市と協働して開催している修了生の講座（第8期は「あきる野映画祭28年史～小林仁、わが映画人生を語る！～」、「手作りの年賀状を作りましょう～絵手紙に毛筆文字をそえて、心のこもった〝世界に一つ〟の年賀状を作りましょう～」の2講座）の開催につながっている。もう1つ注目しているのは先輩会員の参加である。コーディネーター事業グループ（14名）を中心として、会員が講座を受講に来ている。これは、会員にとってリフレッシュ研修の機会になるし、能力アップの場になることは間違いない。私は出講した時には、グループワークで受講者と同じように、質問を投げかけたり、意見を出してもらうことに努力している。２時間という時間の有効活用をはかる上で、講座運営の担当者としての役割と自己開発の両方をやってもらいたいと願っている。

講座の運営者のことはこの位にして、次に受講者についても言及しておきたい。毎年、本講座に応募してくる市民は、生涯学習に対する関心が人一倍高い人であるが、本年の10名もそれぞれが個性的で、何よりも共通しているのは、自分でなければできない活動を長年にわたって継続してきて、退職や子育てで余裕の時間ができたので、隣人、市民のために何か手伝いがしたいという人達であった。

講座が終わってみて、市民の活動をコーディネートしたり、支援するための知識と技術を学び、受講者間で討議して取得できたことは多かったであろうし、自信もついたと思う。先輩たちと同じように、本年度も講座で作成した２本の企画を市民にむかって開催することをスタートとして〝あきる野市民塾（仮）〟を担う人材として育っていってくれることを確信している。

これからの生涯学習はどこの市においても、かつての行政主導型から市民主役型へなって、行政と協働して推進していくことが多くなってくる。幸いにも本市は、このことに先人達が早く気づき、既に８年にわたって、市民の中核メンバーを育成してきた先進地である。今後、講座の修了者の中から中核を担う人が次々と出てくることが期待される。

平成25年度（第9期）「コーディネーター養成講座」の基礎講座は、5月29日から6月12日まで全3回、実践講座は、6月19日から7月20日まで全5回が終了した。私は、例年と同じように、2つの講座に出講させてもらって、OB会の多くの人に会えて近況を語り合い、楽しいひと時をもつことができた。

毎年感心するのは、本市のOB会の人達の養成講座に対する強い関心と支える人の強さである。近年、全国的に行政主導の生涯学習は、予算的にも難しくなってきて、住民との協働路線を進める自治体が急速に増加している。行政が得意な分野は行政が担当し、住民や住民組織の方が進めやすい分野は、住民にまかせて、協働して事業を推進する。

首都圏では、本市は、八王子市や立川市と同じように、この方式の導入が早かったので、今や先進地として、周辺の自治体から評価されている。数多い養成講座を開設している市の中で、OB会が本市ほど熱心に支援している市は少ないので、一つの理想的姿として、各地に出講した時に話している。

講座開催に当たって、企画から始まって、受付、資料配布、司会、教室のセッティング、講師を務めたり、最終報告書の作成など一連の仕事をOB会が担当している。

しかも、これが、市からの委託業務として実施している事例は多くない。ほとんどの自治体は、受付、資料配布、教室のセッティングなど補助的役割はＯＢ会に依頼するが、企画、教室運営、報告書 の作成など基幹的業務はまかせないで、本課が担当する。

私は、本市の方策が、最も望ましいと考えているので、あちこちの自治体にすすめているが、導入している 事例はまことに少ない。最近、府中、厚木、小金井など、住民団体に委託しないで、株式会社に委託してしまうケースが増えている。これは運営費の大幅なコストダウンというメリットはあるが、長い目でみると、担当する人材が行政、住民とも育たないので、いつになっても、生涯学習事業が自律的にならず、外部の株式会社を育てることになって、他律の構造が永続化する。

コーディネーター養成講座は、自律的で、地域づくりを支援する住民を育てるのが目的である。毎年、心ある市民が受講して、ＯＢになって、活動を支えている。支える人数は、少しでもたくさんいることが重要である。事業であれば、人数は少数で、長時間にわたって業務を続けることが前提である。しかし、ボランティアは、それぞれ仕事（家事）を持って、仕事の隙間をぬって時間を作り、多少疲れていても仲間に迷惑はかけられないと活動にかけつける。楽しいばかりではなく、つらいこともいやなことも体験する。

これは、同じ地域活動でも趣味やレクリエーションの活動とは違っている。苦労した分、やり終えたときの達成感や充実感を強く感じる。「人に喜んでもらえた、楽しんでもらえた、少しは貢献できた」という感動は、何事にも代えがたい。本市のOB会の人は、こうした感動をしばしば感じていることだろう。住民が住民を支援する、活動を励ますということは、たくさんのコーディネーターの数が必要である。OBの人には、一人でも声をかけてもらって、養成講座を学ぶ人を増やして、基礎を取得する人が一人でも多くなるようにしてもらいたいと願っている。講座終了後、OBは全8回の各回毎の実施状況、配布した資料一式、受講者の討議してまとめた開設予定講座をもり込んだ「報告書」（全101頁）を発行している。これの量の多さと質の高さに毎年感心している。

3　八王子センター元気の研修事業

八王子市高齢者活動コーディネートセンター（略称センター元気、伊藤涼子代表）の総会と実践講座に25年2月と3月に参加したので、最近の動向について報告してみたい。この団体の概要は、既に書いているので、なるべく新しい動きにしぼってみることにしたい。

（拙著『生涯学習「知縁」コミュニティの創造』日本地域社会研究所２０１３年95～99頁）

設立は、平成14年９月、センターの運営細則を参照すると、以下のように、８項目が業務委託と記されている。

第三条　本センターがおこなう以下の高齢者活動の業務については、市の業務委託仕様書（以下仕様書という）に従い誠実に履行する。

(2)特技を持つ高齢者の募集及び登録業務（講師登録業務）

(3)元気高齢者の活動紹介業務（コーディネート業務）

(4)本センターの事業目的に適う諸団体、関係機関との連携、情報収集交換等の業務

(5)高齢者ならびに利用者に対する相談業務

(6)本条第２項の登録者を活用した催事の企画及び実施（但し事前に市との協議を要する）

(7)市が主催する高齢者施策に関する事業への協力

(8)その他市が指示する業務

メイン事業は、(3)高齢者の活動紹介業務である。これは、平成14年に９件、19年77件、23年１９０件と増えてきた。これまで11年の累計で１２５５件となっている。この制度のボランティア登録者は97名、講師登録者３６５名を各種施設に派遣した。

ボランティア登録者の養成講座には、第1回目から出講しているが、なかなか総会には、予定が入っていて出席できずにいたが、本年は久しぶりに出られた。この団体は、5つの主要事業に、それぞれ、担当者を置いている。その説明ぶりが実に円熟しているので、長年にわたって、こうした活動を続けていると、じょうずに話ができるものだと感じた。

簡単に紹介すると、講座の開拓は、現在、傾聴ボランティアは年間300名が養成されて、50カ所を超える施設で毎月240名のボランティア活動をおこなっている。

ボランティア養成講座は、折り紙、絵手紙、健康事業、福祉レクリエーション、布草履、ちぎり絵、編み物などが毎月1回、年間を通して養成されている。受講者は、合計で約100名である。ここで技術を習得した人が施設に派遣されている。年1回、秋にはいちょうホールのギャラリーで展覧会をおこなっている。

「拓け、センター元気」は登録ボランティアによるパフォーマンスと各種活動の紹介と披露をおこなって、高齢者施設、町会、自治会、学校などにアピールして呼んでもらう事業であり、平成25年度は40名の登録者があった。人材養成事業については後に詳述したい。

広報は年4回「げんき」を刊行している。会計については、年間予算2400万円が市から委託事業費としてもらっていて、ボランティアの出動は交通費として1回400円が出ている（合計116万円）。

私がお手伝いしているのは、コーディネーターの養成講座で、これは毎年基礎（9月～11月）と実践（2月～3月）の2本立てである。前者は定員70名で仲間づくり、ふれあいづくりが実習で、余暇活用、セカンドライフ、地域活動、事例紹介などが講義である。

私は基礎では、余暇活用を話している。講義一辺倒にならないようにワークシートを記入してもらい、なるべく受講者と対話を重視している。基礎を修了した人が実践講座に進んでもらって、市内の高齢者が地域で活動がスムーズにできるように、支援したり、アドバイスすることをめざしている。さらに、登録講師を町会、自治会などの地域組織や高齢者施設に派遣する役割も演じてもらうこともねらいである。

こうしたことが可能になるように、研修のプログラムは、自己紹介で何ができて何をしたいと考えているか、じっくりと自己を語ってもらうグループワーク、ボランティア活動として、自分はセンター元気でどんなことをするかを討議してもらう。さらに、7つのグループワークに分かれて、先輩の会員が各グループ2名ずつファシリテーターとして配置されている。この人達の助言に基づいてグループとして何ができるかを話し合い、ポストイットを使って模造紙に張りつける。

共通する項目をグルーピングして、島をつくるＫＪ法によって、３つから５つ位の提案にまとめる。私は、全部で６グループを順番にまわって話し合いに加わって、求められればアドバイスをして、話し合いが円滑にいっていない場合は適切な助言をして歩いた。参加者は全員が熱くなって、自分たちのアイデアを活動に結びつけて、提案ができるようにがんばっていた。

２回目に出講した時に、１グループ５～10分の発表をしてもらった。研修担当から提示された話し合いの項目は①ボランティア活動とは、②ボランティアと人生、③どんなボランティアをしたいのかの３つであったが、私はアドバイザーとして、話し合いは具体の内容にしてもらうことと、提案を重視して欲しいということを強調した。各グループの提案で印象的であったことを無理して１つにしぼってみた。

1. 人に喜んでもらって、自分を元気にしたい
2. ビオトープ（自然環境保護）を作る
3. 行政のできないことをやって、感謝されたい
4. 有償ボランティアがこれから必要
5. 自分のスキルを生かして、助け合いの町にしたい

６．情報の中心拠点にセンター元気をしたい

６つのグループの発言を聞いて、講評を求められて、参加者が、前回の討議の２時間、発表の１時間がいかに短く感じられたか、それに熟議した効果で、いい体験になったことだろう。それぞれの発表は、皆が個性的でがんばったことが良くわかった。討議の中で、メンバーのいろいろな経験を学び、自分に取り入れられると感じたであろう。明日の活動に活用してもらいたいなど、感じたことを述べさせてもらった。

最後に、平成26年度から、市の担当課からの話で、これまで実践講座と同じように、教養講座の方も、センター元気に委託することが提案された。これまでの実績を評価して、そう決定したので期待しているということだった。私は教養の方は大きくプログラムを変えることを希望しているし、実践の方は専門家のボランティア論は、最後に講義されるプログラムを最初にやって、受講者の予備知識を共通にし、そこから話し合いのプログラムに入る方が良いのではないかと最後に話した。

二　長く続いている学習団体へのエール

平成に入って、地域の生涯学習を活発化させていくかは、住民であるという考え方がますます強くなると共に、私は学習団体へのかかわりを強く持ち、団体とのつきあいも密になっていった。古くからつきあっている団体で30年になるのもあるし、10年を超える団体も増えていった。

そうしたつきあいの関係で10周年、20周年などの周年記念誌に原稿を依頼されることが多くなった。それらの中で、10年を超える団体に執筆した文を、ここで収録してみることにした。団体を維持、発展させていくことは、それほど容易なことではない。多くの団体が講座や教室の修了者によって結成されているから、どこからか命じられた役割や仕事があるわけではない。自らの意志でおこなっている。それ故に、いろいろなもろさを持っている。それに敗けないで維持してきたことは、賞賛に値すると思う。

1　米沢マナビスト塾の10周年記念によせて

米沢マナビスト塾が平成14年に市生涯学習課主催の「マナビスト養成講座」修了生によって結成されて、10年間にわたって米沢市の生涯学習の活発化に果たしてきた役割に敬意を表したい。役員、会員にとってもこの10年間にはいろいろなことが起きて、時には苦しい事もあったろうが、それに倍する楽しい事も体験してきたと思う。

「養成講座」では、学習を継続していくための基本的な事柄を身につけ、新しい仲間もできて自分の活動に弾みがついた。会員は、年月の経過と共に自分が進歩している事、歳は毎年一才ずつとっていくが、活動する力は発達している手ごたえを感じていることだろう。

この体験は、活動をしていない人にはわからないことである。多くの会員が最初の段階で受け身的（見る、聞く、読む）な活動から脱出して、参加型（する、集う、交流）の活動になり、最終的には、指導、創造型（教える、新しいものを作り出す）に達していることであろう。活動を10年やっているとこうしたプロセスを経た自分が存在するに違いない。表現を変えると、学びから出発して学びの先の社会参加活動に移っているのである。

個人としての活動の在り方について述べてきたが、団体としての「マナビスト塾」の今後の在り方についても述べておきたい。10年を境として、ここから先は個人の活動の集合体として学びの先を皆で追求してもらいたい。それは具体的にいうと、学びを身につけた体験を地域が暮らしやすく、働きやすく、生活の質が高く、文化にあふれるまちにするための活動である。

恐らく、多くの会員がそうした活動を日々おこなっていると思う。個人と同じように団体も活発に活動を続けていくためには、会員の人数が確保できなければいけない。特に新人が毎年入会してきてもらわないと、会が存続できない。そのためには、本会もそろそろ自前でマナビストの養成塾を開始する必要がある。

養成講座は全国各地で自治体が主導しておこなってきた。しかし、生涯学習推進に対する行政の姿勢は、どこの市でも予算難の故に後退して中止してきている。そこでいくつかの市では、本会のようなOB会が自主的に養成講座をスタートさせる動きが出てきた。受講生指導と運営費用の捻出は、決して容易ではない。

これをどう解決していくかは、難問であるが会員の英知とやる気で立派に後続の人づくりをやっている団体も出てきている。

本会は10年の実績をみていて十分に可能であるとみている。それからもう一つ本会への提案として「ワイワイ講座」などを毎年開催してきたことは高く評価したい。現状ではある一定の受講料を取って会の収益事業の柱にしていくことは難しいであろう。しかし、これからは会の財源として少額でも収益を出していく必要がある。

これまでも、何回も言ってきたことだが自説を言うと、本稿の前段で述べた会員が個人として日々仲間と触れ合って進歩、発達していくと同じように個人の集合体としての本会が進歩、発達を希望したい。山形県にあって、東北一の生涯学習まちづくりの市、全国からその活動が注目される会に発展してもらいたい。その後、「マナビスト養成講座」は、平成24年度（6月～11月）に全10回で自前で開催して、毎年開催されている。

2　八王子市高齢者活動コーディネートセンターの10周年

本会の10周年を迎えた事は、まさに快挙である。一つの団体が10年継続させる事は、とても大変な事で、その確率は、1割である。ほとんどの団体は、数年で消えるのが常のことで、本会がこのように発展してきたのは偶然のことではなく、市をはじめとする関係機関の支援、本会を運営する役員、そして何よりも会員一人一人の協力によるところが大きいと思う。

私は、本市元本郷町の生まれで、余暇問題、生涯学習の推進などの研究者として生きてきた。平成12年に、市が「高齢者の社会参加の仕組みづくり検討会」を発足させた。この時に座長を依頼されたので、本市で初めて、元気高齢者の生きがい対策について、日頃考えていた事を委員と一緒になって、6項目の提言をおこなった。

この中で最も重視されたのが、活動を推進するリーダーと地域を仲介する活動であった。市内を調査したところ、各分野94名の講師と55団体の所在がわかった。さっそく登録してもらって「元気ワールド高齢者活用ハンドブック」市高齢者支援課・平成13年を刊行した。

本会はこれらの講師を派遣依頼したい団体、施設との間に立って仲介する機関として発足した。会員がローテーションを組んで長年に渡って活動してきて、現在、月間成約申込みが月当たり30件とうかがってたいしたものだと感心している。本会はこの仲介活動をベースとして、講師、コーディネーター、施設者の三者懇談会を毎年開催して、円滑な派遣ができるように尽力していることも、すばらしいと思う。

さらなる発展のために、平成21年度から、講師、施設側に働きかけて「むかし若ものふれあい作品展」をはじめるようになった。４日間で２１００人の参観者があったそうだが、作品出品者達に話を聞いてみると、皆さん目を輝かして、見てもらえることを喜んでいたのが印象に残る。

後続会員の養成のための「シニア元気塾実践講座」は、市から全面的に受託して運営している。これだけの実力を養うのに10年かかった。さらなる発展のために、本会への提言をしたい。

一つは、会を支え動かしていくのは会員である。会員が活動に参加するということは、楽しくてためになるということが大事である、活動に参加するとなにかしらためになることがあると人は次回も続けられる。

二つは、会が発展することが、会員にとって誇りになる。本会は高齢者団体としてなくてはならない存在に成長してきた。これからの歩みが楽しみである。

3　学びサポート研究会の活発な活動

（1）10周年に思う

桜美林大学に平成9年から移って、2年後、生涯学習センターのセンター長を委嘱された。私が、最も開講したいと切望していた講座は、「生涯学習リーダー養成」であった。この種の講座は、前勤務先の宇都宮大学生涯学習センターでも、力を入れて平成4年以降、桜美林大に移るまで開講していた。

当時、栃木県には49市町村があって、県教委の後押しもあって、ほとんどの市町村が、住民の代表を出してくれた。なかでも、鹿沼市、氏家町などが熱心で、後で自前で講座を開催することになった。東京でも、最初の生涯学習センターを開設した墨田区は、同種の講座に力をいれて、住民の担い手を育成した。

こうした経験を活かして、平成11年桜美林大で町田市など三多摩、相模原市、横浜市などの住民を対象にした、同種講座を開講することにした。生涯学習は、わが国の場合、国県市と行政主導でスタートし、住民は、受講者、参加者として客体になっていた。しかし、遠からず、財政難で、行政主導が不可能になり、住民主体にならざるを得ないことが予想された。

自治体財政が、まだ余裕のある時に、住民の担い手を育成しておかなければならないと周辺自治体に説得して歩いた。八王子、多摩、稲城、日野、立川、町田、相模原、横浜市緑区などが、自治体主催で同種講座を開講してくれた。桜美林大の講座で、毎年10数名が周辺市から受講してくれて、ＯＢ会（生涯学習桜美林会）が生まれた。

桜美林大の講座は、ＯＢ会に助けられて数年は続いたが、前述の自治体の同種講座が、本格的に動き出すと、受講者は、無料の自治体講座に傾いていった。それは当然のことで、講師は、私をはじめとして同じメンバーが担当したから、講義内容や、グループワークは同じである。

これらの講座で、私が最も重視したのは、会員の実力アップと、地域活動でイニシアティブを取って、活躍することであった。それは、会員の一芸、得意技、長所などが、伸びてもらうことを支援することである。一方、会として、対外的に、出番をつくること、地域への貢献度を高めることなどが求められた。

会の名称は、その後、いくつか変わり、学びサポート研修会（宍戸佳子理事長）という名称で現在に至っている。この10年で何が成果として残ったか。個人の成長、発達は、目を見張るものがあるし、この活動に加わったが故に、各人は新しい自己形成をはかったと思う。会としては、会員の居住する自治体で、市民企画事業に応募して助成金をもらったり、事業を受託したり、各種委員の委嘱など実績が出ている。

創立10年を経て、本会はどこへ向かうのか。私は、いろいろ欲張って希望したいことがある。まず一つは、会員数の増加である。本会には、設立当初からの会員が少なくないし、その後、自治体主催の修了者も参加している。今後、さらに活動を拡大していくためには、もう少し人数が増えた方が良いと思う。2つだけ提案させてもらうと、自前の養成講座を開設することをすすめたい。本会には、この講座で講師を務めることのできる人が加入している。もう一つは、周辺自治体、大学、学習団体から事業委託を取って、仕事を通して、会員が、切磋琢磨し、さらなる自己成長をしてもらいたい。

10年の活動を通して、三多摩や相模原、厚木、横浜市北部などで学習団体として知名度は高くなっている。会員は、この10年間を、思い起こして、大いに自信をもって、明日からの活動に向かってもらいたい。多くの会員が、今や地域にとって、いなくては困る人材になっているし、期待されていると思う。これからがまことに楽しみである。

（2）次の目標は新人のリクルート

本会は、発足10年が経過して、ＮＰＯ法人も取得し、活動は、ますます成熟してきていて喜ばしい限りである。学習団体、支援団体として立派に育ってきたと思う。本年４月から新体制に移って活動は活発化が期待される。

昨年度の活動をみていて、４年続いた相模原市からの協働事業「学びのらいぶ塾」が終了し、数多くの市民講師を育成して講座を開設したことは実績として残った。住民主導の講師育成と講座の運営は、関係した会員に多くの自信と成果をもたらしたことだろう。ステップアップし、経験を積んだ会員が次の目標として、自主開催講座「ワンコインで元気を」、「中高年のためのスマホ教室」を実施した。市民企画講座は、ソレイユさがみ、他組織の町田市生涯学習センター、相模原市小山共有コミュニティーなどから助成金をもらって、協働事業をおこなったがこれはすばらしいことである。これらの事業を企画し実施するのは、すべて会員であるから、いかに会員が育ってきているかがわかる。このように、団体として会員が、ある役割を持って、その仕事をやり遂げることは、とても大事なことである。それと共に、会員の個人的役割についても注目している。

多くの会員は、それぞれの団体や地域でなくてはならない人になっていると思う。本会は、相模原、町田の在住者が多いが、八王子、横浜、都内の人も加入していて広域から人が来ている。

前述のように、団体として会員はそれぞれの役割をまかされて活動しているが、自分の地域に帰れば、地域の団体やサークルで、いなくては困る人と頼りにされて、活動に携わっている。その人がいなくなったら、たちまちにして、その組織、活動が停滞してしまうのである。多くの会員が気づいていると思うが、この2つの団体を行き来することで、個人の力量がアップする。また、活動を楽しくやる手ごたえも実感できるだろう。

今年度も、こうした活動が会の中に自分の身近な在住のコミュニティで実践されることになるだろう。多くの会員が、長く活動をしてきた人達なので、生涯学習の実践とは何か。地域参加はどうあるべきかということは体得した。活動を通して自分は何の役割を演じ、何をするのが楽しいかもわかったことだろう。

これから最も必要なことは、本会のことを理解してくれて、一緒に活動をしようという人探しではないかと思う。対象エリアには、少なくとも100万人の人々が生活している。この中から何人に入会してもらうかが、明日の活動パワーになるので、新人のリクルートにがんばりたいものである。

（３）最近の生涯学習動向と本会の役割

生涯学習をめぐる状況は、関係者の間で元気がないとか退潮であるとか言われているが、私は、そうは思わない。確かに10年前と比べると、国の予算は、２兆円から１兆円になったし、自治体の予算も２・５兆円が１・７兆円に減っている。人については、社会教育主事は６０００人から３０００人、職員研修は15万人から10万人に減少している。

しかし、学習講座数は16万件が27万件に増えている。これは、誰が担当したかというと行政ではなく、住民が担当したのである。私は、20年位前から行政に代わって住民が生涯学習の主役になると予測して、住民主導の生涯学習を主たる研究テーマとしてきた。また、言うまでもないが住民と行政は対立する関係ではなく、互いに持っている特徴を活かして両者が協働する方策が望まれる。

行政もこの辺の状況を判断して、先進市は「住民との協働」を重視してきているが、残念ながら多くの自治体は、これまで慣例に引きずられて、予算も人も年々減っていくのに、住民の協力を得るノウハウを学ばないで、提供できる学習講座の数も水準も低下の一方である。

このあたりの状況を私は、各地を取材して歩いた事例を中心にして、平成26年２月『地域をひらく生涯学習』（日本地域社会研究所発行）と題して刊行した。本年は、この続きの作業をしながら新しく、住民の学習団体の活性化、組織のマネジメントなどのテーマとして執筆している。

なかでも、これらのテーマの回答は、人材育成（リーダー論）にあるので、各地のリーダーにつとめて会って話を聞かせてもらっている。

住民と行政の協働路線の中で、大事なのはリーダー養成講座、あり方が最重要なので、相変わらず各地を訪問して、開設を呼びかけている。この20年間で、たくさんの自治体が呼びかけに答えてくれて、講座や研修会を開催してくれた。既に、10年、20年が経過した自治体がいくつもあるが、大体においてそうした自治体は、協働路線の歩みの中で住民が運営、主体になって、行政は施設、予算、広報を担当し、住民が運営のほとんどを担当するしくみが軌道に乗っている。

この方式の最大のメリットは、行政主導の場合に比べて大幅なコストダウンが可能になる。私の試算によると、規模の大きい市民大学（カレッジ）などの運営費は、職員人件費も含めて、安くしようとすると10分の1という計算ができる。この数字は、住民団体のスタッフの人件費を無償ボランティアで働いてもらった数字である。有償にしても行政が運営する場合の半分で十分に運営できる。

先に出発した学習団体は、いくつかこのレベルまで進んでいる。私の当会への期待は、早くこのレベルに達してくれないかということで、さしづめＮＰＯでもあるので、資格はクリアされている。多彩なメンバーがいるから、そのパワーの合力がうまくいけば指定管理者になれるだろう。後続の人のためにもがんばってもらいたいと願っている。

4　生涯現役かなざわ会の１００号に一言

社会参加活動団体に対して、私は持論として『会報』をみればその団体の活動、水準が透けて見えるということを言い続けてきた。『会報』に団体の全体像が見えてしまうのである。それ故に各地の学習団体から送ってもらう『会報』を読むのはとても楽しみである。

地域における生涯学習は、近年自治体の予算難から退潮している折、本会のような住民主導型が台頭してきている。私はこの20年間位、住民主導の学習団体の調査研究に力を入れている。全国的に、本会と同じ位の歴史と水準と質を持つ団体は、40～50位と推計する。

ある一定の水準を持つ団体を〝市民大学〟と総称すると、本会は当然ながら、このカテゴリーに入るのだが、新しいものも加えると、全国に大体150位存在する。いずれの団体もライフサイクルがあるので、多くの団体は5年から10年で解散に至るが、10年継続できる団体も少なくない。

本会は平成5年にスタートし、平成15年に10周年記念のイベントを開催して、20周年に向けて歩んでいる。同時期に生まれた各地の「生涯現役の会」も最盛期には13を数えたが、現在は半減し、隔月開催のネットワークの会も解散した。かつてのネットワークの会で最も活発に活動しているのは本会であり、私は本会に期待するところが多い。

なかでも門口泰一代表が時々『会報』に書いているように。「自分の楽しみに加えて、社会に役立つことをする」ということを実践して欲しいと思う。紙面に一人でも多くの人が登場し、活動を報告し、意見や主張を語ってもらいたい。「高齢者は好例者」になってもらいたいと期待している。《本会への詳しい論評は拙著『元気な市民大学』(2007年、日本地域社会研究所発行)の52～62頁に掲載》

5　清見潟方式の全国普及を希望

清見潟大学塾（太田静花塾長）の特徴について、私は20年誌に、次の5点を書いた。（本塾編『新静岡市発 生涯学習20年』学文社）

一歴史の古さ（二十年）
二受講性の多さ（三〇〇〇人）
三講座の多様性と豊かさ（三学部、一五四講座）
四市場原理の導入（受講料を講師料や運営費に出費、収入年間六〇〇〇万円）
五教授の公募制（九十四名）

この特徴を、私は清見潟方式と名づけて、住民主導の運営として、最も優れた方策と評価してきた。昭和60年に、この運営方法を考察し、実施した先人達の実行力に驚嘆する。市民大学の本場は米国であるが、日本では、本塾が草分けであることは間違いない。

わが国の生涯学習は、昭和63年、旧文部省に生涯学習局が生まれて以来、行政主導で推進された。当時の経済状況は、バブル経済の最盛期で、豊富な税収が集まる時代であった。

生涯学習施策には､予算がいくらでも取れた。私は当時、社会教育官として全国フェスティバル（各県持ち回り）、長寿学園、モデル市町村事業など新規プロジェクトの仕事に従事していた。ところが、バブル経済が平成3年に崩壊し、失われた20年と言われるデフレ経済の長いトンネルに入った。税収は毎年落ち込み，生涯学習予算は減少の一途をたどり、半分まで落ちた。もはや生涯学習は、行政主導はできないという時代に入った。ここで、国も自治体も、住民主導しか方策がないことに気づき、新しい方向に施策の舵をとった。本塾の実績が全国から注目される時代になった。

私は、こうなることを予測していたので、できる限り本塾の運営者に会って、最新の情報を教えてもらって、推移を見守ってきた。近年、講演やアドバイザー、委員など依頼されて出かけていく自治体に、清見潟方式の導入をすすめて歩いている。それらの自治体として、山形県米沢市、栃木県鹿沼市、神奈川県小田原市、相模原市、厚木市などがある。運営資金（予算）の面から見ると､行政主導で進めると本塾の年間維持していくためには、スタッフの人件費、講師料、事務経費、広報費など5000万円はかかる。これに会場借用費など加えると、コストは税金ではまかなえない。本塾が真価を問われるのは、まさにこれからということであろう。

清見潟方式でおこなわれている市民大学は、全国に少なくみても、30カ所あると思う。どこも、本塾の動向を見て、後発者として学び取り入れられる点は導入している。これから、本塾を先達として学び、開設する自治体や学習団体が増えてくる。本塾の関係者は、受講者の要望、関心などを十分に受け止め、市民教授の発掘、研修に力を入れて、先達、元祖として日本中の後発の市民大学を導いてもらいたいと希望している。

6　北区民大学修了生の会の40年

平成26年、北区民大学修了生の会（以下本会と略す）から、40周年の幕引きの展示会を開催するという案内をもらって、びっくりした。

これまで周年記念イベントには、10年、20年、30年と参加させてもらってきたので、40周年の準備は、いかがですかという問いを運営委員の人に伝えていた。

その答えが、従来の記念イベント（講演会、シンポジウム、パーティー）という形はとらないで展示会に代えるということに、若干残念な気もした。しかし、よく考えてみると、幕引きのパーティーは、運営者としてもやりたくないという気持ちもわかる。私としては、それでは、40年の展示会を見にいって、関係者のインタビューが取れればと希望した。

押田仍宏会長にアポを入れると、初日の7月17日に来ませんかということだったので、会場の赤羽文化センター3Fロビーに出かけた。会長は副会長の佐竹洸子さんも呼んでくれたので、2人に質問をぶつけて話を聞くことができた。まず、ロビーの展示を案内してもらった。昭和49年の発足以来、会のあゆみを示した克明な年表がパネル数枚に張り出されて、40年間の活動状況、学習発表会の内容がつかめた。

内容をわかってもらうために、重視したい活動の写真、イラスト、パブリシティの記事などが添えられて興味深かった。この行事は、文化センターの事業ではなく、会の主催事業であるから、当然のことだが、搬入、パネル展示などの作業は、会員がすべて前日までに終了させたということである。

すべて展示を見せてもらった後に、2人にインタビューをした。私が一番聞きたかったのは、どうしたら40年の長期にわたって活動ができたのかということである。活動の最盛期には、15グループ、会員350人という時代もあったそうだが、現在は5グループ、80人の会員で、男女の属性は、男性1に対して、女性3という割合で女性が多い。

運営は運営委員会という名称の執行部が隔月に1回集まって、主なことは決めているが、会長、副会長のイニシアティブが強そうに思われる。学習団体のパワーについて年１回の総会を重視しているが、本年４月開催の会で出席者12名、委任状59人という数字を見ると、どこの会もそうだが、一般会員の運営についてのかかわりは、あまり熱心でないように思われる。

さて、質問の回答は、まとめると３つであった。この会は、発足間もない時期に全体会の中に、会員の興味、関心でグループができた。初期の頃は、教育、万葉、史跡巡り、俳句、短歌、源氏、経済、時事、読書、放送利用などが生まれた。会員の活動はグループが中心で、全体会の役割は４月の総会、翌年３月の学習発表会の２つがメインである。

つまり、全体会とグループ活動の役割が、全体と個の両者にとって、まことに都合よくできている。これが長続きの要因であるという説明を受けた。このことは、平成26年９月に、全体会は廃止されるが、各グループは従来通り活動をつづけることである。私は発表会は、個別にやってもよいが、人集め、ＰＲなどグループが結集した方がメリットが大きいと考えれば、１回だけの連携プレーをすれば良いであろうと思う。

こうした独特の運営で、40年つづいてきた。長くつづけられた２つ目は、会報の発行である。これは発足当初から、隔月で年６回発行され、各グループは各々１ページの活動記録を提出する義務を負った。この1ページを埋めるために活動をしなければならないという意識が働いた。

3つ目は、年1回の発表会の役割である。これも、3月には、1年間の活動成果を展示と口頭で発表しないと、会としての存続が問われた。これを止めるということは、会が存在しないということに受けとめられるので、本当にがんばって遂行したが、人の交流、和を大切にした。このために、1月の新年会とかるた会、7月の工場見学会、10月の文化センターまつり、12月の講演会などの行事をおこなった。

こうして、40年をやりぬいてきたが、運営委員会の役割はもちろん大事だが、どうもそれ以上に、執行部の強いリーダーシップが引っぱる力を発揮していたように感じる。それを担っているのは、30年以上在籍の5〜6人の人ではないかと思える。

会を引っぱってきた多くの人が40年が経過すると、病気、健康不良などの原因で、活動が担えなくなる。

多くの人が亡くなった。したがって、元気で長生きの人が支えてきたわけで、押田会長、佐竹副会長とも最後に「やれることは皆やった、やりきったといってもよい」と語ってくれた。活動の40年は、この言葉に集約されるのだろうと思った。

つぎに、『40周年記念誌』に原稿を求められたので、本会とのかかわりを書かせてもらった。

私が本会の存在を知ったのは、発足間もない昭和50年頃だったように思う。当時、北区の教育委員会主催講座などで、常連講師を務めていた立教大学の岡本包治教授のお手伝いとして、本会にも連れてきてもらった。当時、全国的にも、お茶、お花、手工芸、文芸、絵画など個別の科目を研鑽するため学習団体、サークルは全国至るところにできていて活動をおこなっていた。しかし、本会のように、数多くの科目を学習し、学習した成果を「会報」に執筆し、一年の成果を発表会で内外にアピールして冊子に纏めるという団体は皆無であった。

このことが、私の追求している行政主導ではなく、住民主導の歩みをしている本会に注目することになった。以来、10周年、20周年、30周年と周年行事には、参加させてもらい、講演者、パネリストとして運営の成り行きを見守り、可能な限り、メンバーにアドバイスをさせてもらった。とにかく、これだけ長く続いている学習団体は本会を除いて皆無であったから、住民の学習団体の発展策を研究し、後発の団体を指導していくためには、本会との関わりのことを、少しでも詳しく知って、運営のことを解明して、その結果を全国に知らせたいと思って、全日本社会教育連合会発行の「社会教育」平成14年12月号、拙著『元気な市民大学』（日本地域社会研究所、平成19年）などに、その時々の本会のありさまを取材して執筆した。本年4月に入って、総会で本会は、10月に発展的解消するとの決定がなされたと聞いたので、「40年のあゆみ展示会」を見に行くことにした。会長にアポを取って、取材をさせてもらった。発展的解消の意味は、全体会は止めるが、本会の中枢のグループ活動は従来通り続けるとのことであった。これは、解消ではなく、一つの発展と私には思えて安心した。

三　人材育成に力を入れる団体

平素より親しくつき合っている学習団体の動向について、時々、定時観測的に訪問し、状況を書き留めている。後発の団体にとって、きっと役に立つだろうと思い、参加している会員にも、少しでも刺激になればと思っている。

平成26年に入って、３つの団体の動向を述べてみたい。私が、このところ追求しているのは、住民が主体的に動かしている団体の活動ぶりである。最も新しいのは、町田市に４年前に生まれた生涯学習コーディネーター会で、山形県の米沢市の団体（マナビスト同期会）と埼玉県の埼講会はどちらも10年以上が経過して、確かな歩みをしている３者は、会員数、予算、事業規模など、各々違っているが、持ち味、特性を活かして、独自な歩みをしていて、他の団体にとって、良いお手本になるだろう。

１　米沢マナビスト協議会のスタート

平成26年６月、久しぶりに山形県米沢市を訪問した。考えてみれば平成12年に初めて県の依頼で「生涯学習推進計画」策定のアドバイザーとして訪ねて以来、長いつき合いになる。同計画は、「市民が主役の生涯学習」がキャッチフレーズであったから、担い手として市民を育てることが最重視された。

幸いなことに、担い手の養成のための「マナビスト養成塾」の塾長を依頼されて、３カ年にわたって、車の両輪である市職員の研修を合わせて、毎月、現地に通った。東北地方でこれほど親しんだ市はなかったので、四季折々の風物に触れるにつけ、特別に愛着のある土地となった。

3カ年で、担い手推進者は100名が誕生した。

どこの市でもそうだが、多くの場合、行政は、同じ施策は、3～4年で一応のしきりをつける。この事業もそうなることは予想していたので、何としても、修了生の会を作ることを重視して、会を旗上げした。1期生、2期生、3期生は1つの会としてまとまるだろうと予想していたが、それは土地柄から無理で3つが独立して活動を続けている。(詳しくは拙著『生涯学習「知縁」コミュニティの創造』日本地域社会研究所 平成22年)

私としては、当初から今日に至るまで、常に1つになることを、毛利元就の故事を引用して、機会あるごとに説得していた。しかし、それはなかなか成就しなかった。それが、本年に入って合併して、3月に設立総会を開き、役員、事業計画、予算案を決定して協議会(新会長 高橋定男)としてスタートした。6月に記念講演会を開き「地域をひらく生涯学習」というタイトルで私が依頼された。当日、上廣倫理財団の派遣講師として出講させてもらった。

新しい組織になることによって、1期28名、2期17名、3期18名が加わり自主講座として、終了した。４期11名、５期６名、通信講座の11名を加えて合計90名が会員として登録した。

この数字は、他の自治体に比べて、破格に近い残存率である。通常は10年経過すると、2割が残り、８割は止めているのが常である。当会は継続率も高いが、活動への熱心さも、とても高いと評価できる。

その原因を考えてみると、会と市行政との良好な関係のことがあげられる。会発足と共に、会に鷹山大学（市の事業）の事務局を有償で引き受けてもらい、スタッフとして数名の事務局員を採用した。事務室は当時の社会教育課に隣接して、採用された事務局員は塾OBがシフト勤務をした。市からの委託事業として、市民大学を推進することになった。

鷹山大学は、大別すると、市民教授が講師を務める「おしょしなカレッジ」と市の各課や施設が主催する行政講座がある。前者は平成23年で講座数90、受講者数７６９人。平成24年１１８講座、１１５０人。平成26年63講座という数字である。平成26年は前期講座の数字となっている。

市民教授の講座は、参加料1回５００円程度のものが多いが、行政の講座は参加料は無料で、材料費は有料である。会場はどちらも置賜総合文化センター、市営のコミュニティセンターである。プログラムは以下の分野で『生涯学習ガイドブック』（鷹山大学編集 市発行全60頁）に掲載されている。

鷹山大学の動きを3年ぶりに報告したが、前者の市民教授による「おしょしなカレッジ」が3者の合併によって大きくパワーアップすることを期待したい。

なかでも、これまで1期生が力を入れて、自主講座として開設していた「マナビスト養成講座」（全10回）は、新谷博司学長をはじめ多くの会員が講師を務めていたが、新しい講師が来年度から登場してくるのに違いない。

3つの修了生の会には、それぞれユニークな人や能力を持つ人、熱心な人が所属している。それらの人が1つの組織の中で活躍してもらうと相乗効果もはかり知れないのである。本市は、まちづくりに関して前市長が「生涯学習長期計画」で、マナビストの養成を特別に重視した。新しい安部三十郎市長も、このことは踏襲して歩んでいる。

表3－1　平成26年度鷹山大学の講座数

鷹山大学が主催する講座	
環境・生活・福祉・健康コース	11
国際理解・交流コース	5
芸術・文化・趣味コース	35
スポーツ・レクリエーションコース	11
バラエティコース	1
計	63
さまざまな主催者によるさまざまな講座	
歴史・地域理解・文学・自然コース	10
環境・生活・福祉・健康コース	12
科学・産業技術・情報化コース	14
国際理解・交流コース	21
芸術・文化・趣味コース	49
スポーツ・レクリエーションコース	34
バラエティコース	3
計	143

しかし、新たに「まちづくり人材養成」にも力を入れて、「養成講座」（全８回）を開始した。この講座は宮城大学事業構想学部の宮原育子教授がワークショップを中心として開催している。内容としては、地域ブランドづくり、地域おこし、起業などに力が入っている。

この講座の修了生を対象として、平成25年度に「まちづくりプラン大学」のコンペを実施した。その結果、最優秀賞に「農産物加工所で地域はニコニコ」（我妻裕子）、優秀賞に「米沢空中散歩道で情報発信」（大瀧泰浩）、「癒しの空間演出で地域活性化」（秋山隆子）が決定した。

市民の人材育成、修了者の活用、出番は、マナビストと同様に時代の要求によって、これからも、いろいろ出てくるだろう。何といっても、本市の場合、平成13年、その1号の「マナビスト」であったから、こうした「まちづくり人材養成」修了生などとネットワークを組んで、まちづくり、人づくりにかかわっていくことが求められている。

旧上杉家の城下町は、これから国が地方創生で力を入れていく「コンパクトシティ」に最適である。マナビストの中から担い手がたくさん出てくることを願っている。

2　講師養成に力を入れる埼講会

埼講会（大西充会長）の総会（8月開催）に昨年に続いて、平成26年度も出席させてもらった。平成25年は「住民が主役の生涯学習」と題する講演を依頼された。本年は、信州大学名誉教授、平成国際大学の坂本保富教授を紹介したいこともあって参加させてもらった。坂本教授の演題は「米百俵の主人公小林虎三郎の生涯」であった。

この会のつき合いは、けっこう長いが、15年かけて、着実に充実発展してきたように思う。スタートは埼玉県生きがい振興財団主催の「生きがい活動普及人材育成講座」（全6回）の修了生によって設立された。目的は「中高年の生きがいと健康づくり活動の啓発に貢献する諸活動」となっている。

この目的を達成するために、平成25年度には、以下の活動をおこなった。

1．例会の充実　会員のレベルアップ

2．第9回シニア講師プラザ2月に開催、2日間で30名の会員が各自のテーマを発表。聴講は150名で当日の講師依頼があった

3．第9回講師デビュー塾開催
　5月に3日間、研修会を開催。9名が受講、受講料5000円
4．北部支部「シニア講師プラザ」熊谷、深谷、本条の会員が12月に開催、13人が発表
5．上尾支部自主講座　奇数月の第3土曜に開催、参加者30名、講師はすべて会員が担当
6．ホームページの充実
7．分科会活動　パソコン教室、話し方教室（両社とも月1回開催）
　会の収入としては、年会費（3000円、113名）、活動協力金（講演活動の謝金1割を協力、12・6万円）、デビュー講座の受講料5000円で10名の3本柱が主たるものである。平成26年度は新事業として、15周年記念事業が実施される（講演会、記念誌）。

　本会の活動のおおよそは以上のようになるが、何回か総会、講師プラザなどに出席して、活動ぶりをみていて、以下の5点が会を支え、発展させているのだろうと思った。

　1つは、会員を講師派遣させるのが会の使命であるから、会員の講師力をアップさせることが最も大事である。この最善の方策として「講師プラザ」が開設されて、毎年2月に1人20分で2日間開催されている（26人が発表）。

　会場には、2日間で150人（会員も含めて）が参加して、その場で派遣が決まった例

も毎年ある。北部支部は13人の発表があった。会員からは、発表時間を30分にしてもらい、質問時間を作って欲しいなど要望が出ているが、1人の持ち時間を長くすれば出演の人数が減少になる。したがって、私は、北部支部のように、各支部が年1回は開催することを提案したい。このメリットは大きいだろう。

2つは、派遣依頼が増える創意工夫がしていることである。それは前述の「講師プラザ」が最大のものであるが、会員1人に1ページ又は半ページで略歴、得意とする演題、実績などを掲載して、自治体、学習施設、学習団体に配布して宣伝している。機関誌を発行、ホームページの充実、各行事のマスコミへのパブリシティなど、できることはすべてやっている。

3つは、後継者の育成である。多くの学習団体が、これが有効に機能していないために、月日が経過するにしたがって、高齢化が進み、新人が加入しなくなって、組織が弱体化し、最終的に解散に追い込まれる。しかし、本会は毎年「講師デビュー塾」を開催して、3日間の研修を受講料5000円で、講師はベテランの会員が務めて、毎年5月に開催し、10～20名が修了して、新規会員になっている。

4つは、運営体制で、主な事業は、各々が担当理事として配置されて、それぞれ職責を果たしている。多くの団体で理事は名前だけとか、名誉職的に存在するが、実働がなかなか難しいのを見るにつけて、本会の理事はよく働いているように見える。また、お互いの人間関係とか職務をめぐって、円滑に活動ができないことが多いが、本会は非常に効率的に仕事が運んでいる。

５つは、本会の活動拠点は本部ではなく、各支部が、会員の寄り所になっていることである。支部は県北（21名）、県西（22名）、県央（10名）、旧大宮（12名）、旧浦和（21名）、川口（13名）、宇都宮線（10名）、東武線（８名）の８地区に分かれている。それぞれに世話人が１～３名配置されていて、特色ある活動をしていくべく努力している。

今後の課題として、「講師料の協力」、「講師デビュー講座」の受講料に加えて、自主講座の開設（市民大学）を要望したい。地域を熟知し、それぞれ一芸を持った講師が、100名以上も所属しているのである。どんな講座だろうと提供できる。５人なり10人の講師をパッケージにすれば講座は成立する。各支部単位に開催するのが良いだろう。何年かしたら有力財源が期待できる。

3　発足4年の町田生涯学習コーディネーター会

まちだ生涯学習コーディネーター会（愛称Ｍｉｌｋ浦崎道教会長）は、平成23年に市が主催するＨＡＴＳ（市民大学）の特別講座として全5回で開設され、その修了生が組織した会である。本来は数年はつづく予定だったが3年で中止、その後、再開されていない。会としては、後続を断たれたことになる。

私は、主任講師でもあったので、発足と共に顧問を依頼されて、いろいろとアドバイスしてきた。毎年、総会、研修会は出席しているが、本年は出席できなかったので、なるべく早い時期に会員の多くが集まる日に出席して、近況や課題を聞きたいと願っていた。幸い9月の定例会に「生涯学習の最近の動向」と題して短いレクチャーをおこない、質疑応答の後に、会員が力を入れている活動の状況や課題について話しを聞かせてもらった。

どこの会でも同じだが、3年位は試行錯誤のくり返しである。私のアドバイスは、いつものように、活動を担っている会員を増やすことと、活動するには資金が無くてはできない。費用を外部調達しなければならないことを強く訴えた。役員クラスががんばって、新人のリクルートに力を入れて人数を増やしたい。また、外部資金については、市の「市民企画事業」助成に申請書を出して、面接を受けて合格した。

平成24年「東日本大震災を忘れない」（全5回）、平成25年「あなたの防災力アップ」（全5回）を開催した。また、市生涯学習センター1周年記念イベント参加の依頼あり、玉川大学とコラボレーションによる「東日本大震災を考える」（1日）も実施した。

具体的な活動については、浦崎会長が『会報』No2（平成26年4月）に書いているように「何を大切にして活動をするか」を徹底的に話し合い、「価値観の共有」を書き出して「思いやり・コミュニケーション・楽しさを大切にする」を導き出した。具体的には以下の4点を活動方針にすることが決定した。

①コーディネーター力の向上↓地域活動への参加・自主講座

②地域の課題への支援↓夢プランへの申請

③市民ニーズへの提案↓市民ニーズへの対応

④組織力の強化

これに基づいて、会員は「一人プロジェクト」に参加して好きな活動をする。活動がタコツボ的になって、横の関係や他のグループのことが分からなくなったり、人間関係が薄くなってしまうことが予想される。そこで、これらを避けるために、プロジェクト協議会を作り、役員クラスが奇数月に会合を持った。また、毎月開催の例会でも、プロジェクトの進行状況を説明し、会員で共有することを心がけている。

いずれの会も、大なり小なり同じ傾向だが、本会も役員主導で引っぱっているという感じがする。多様な持ち味の会員一人一人は、ポテンシャルを持っていて能力もあるのだが、それがうまく発揮されない。これが不満で、会を去っていく人が多い。多くの人が高齢期の自分探しで迷っているが、もう少しだけ慎重に急がないで、会にとどまることも考えてもらいたいと思う。

短い人でも3年、長い人だと5年から10年で、がまんができずに止めていく、多くの場合、すべての地域活動を止めてしまう人は少ない。地域活動には、楽しさや生きがいを感じる要素が強い。一度、それなりにかかわった人は、これを体験しているから、すべてを中止することは、よほど健康でなくなった時は別として、しないと断言できる。別の会に新人として行くこととなる。それは、ゼロからの出発だから、大変なことが多い。実績のないところからのスタートは、つらいのである。

私は、本会の課題に入っていかなければならないのに、別の方向に走っている。本題に戻るようにしたい。

１つは、会員が減ってきていることが気がかりである。新人の養成がなされていないので、入会の人がいない。このまま進むと会員数は、年々減少する。市は開催しそうもないから、本会が主催すべきだと、機会をみて、時々提案しているが、仮に全5回やるとして、会場の確保と参加者募集が容易でないので開催できない。これは何とかしなければならないと思う。

２つは、資金調達であるが、新しい団体として、２年目にエントリーして資金を取ったことは評価できる。普通は数年かからないと成功しない。これも、得意な人が会員の中にいるが、その気になってもらえないことが残念である。

３つは、このたびの例会に参加して強く感じたのだが、会員の多忙さである。毎月の例会への出席率が良くない。どこの会でもそうだが、前年度に会員の希望を聞いて月１回の日程を決めている。本会もそうしているのだが、欠席者が多い。理由を聞いてみたら、１人がたくさんの団体に加入していて、集会日、講習日などがバッティングしているので出られないということである。

ある会員が話してくれたことだが、本年度に入って臨時の集まりを持とうと日程調整をしたところ、2カ月先にたった1回だけ全員が出席可能な日があったとのことだった。このことは、どこの団体にいっても体験することだが、熱心に活動をしている人は、どこの会にいっても、数えきれないほどの団体に加入していて、それなりの役を引き受けている。自分でベストと考える選択をしているのだろうが、2カ月先ということも少ないのだろう。しかし、これは再考しないといけない。

4つは、会員の能力、やる気などを、どのように引き出すか難しい。この点は、前に少しだけ述べているが、どこの会も人材の活用は特別難しい課題である。非営利組織は、どんなに働いてもらっても報賞が出せないのである。逆に働かなくても罰を受けたり、追われることはない。放っておくと組織はぬるま湯状態で惰性と習慣で流れていく。ここには進歩もないし、楽しみも出てこないだろう。

四　活動の長い団体の特徴

生涯学習、社会参加活動分野で、近年ますます、自治体に代わって、住民団体が台頭してきて、活動も活発化している。行政はこの分野で予算が投入しにくくなってきているし、減額されている、公助に代わって、自助能力を高める以外に方策がないと考えられる。その方策について、常に探求しているが、１つの解決策は、住民のリーダー層を育てることだと気づいて、可能な限り力を尽くしている。

ここでは、前段で、自治体に代わって、住民、特にシニアが中心になって、自分達の暮らす地域を少しでも便利で住みやすいようにしていくために、リーダー層を育てていくことを論じたい。後段では、そうした団体の１つとして、20年以上のつき合いのある横浜港南クラブの地域活動を紹介してみることにしたい。20年みていると、初期の頃と比べて、20年後に、シニアがいかに暮らして、活動が活発化しているか良くわかる。

1　住民主導の担い手の育成が急務

昭和21年創刊の『社会教育』が800号を迎えるという。これだけ長期にわたって継続している雑誌は、ジャンルは別でも、希有でユニークな存在だと思う。まさに、第2次大戦後の66年間の社会教育を多くの読者と共に築き上げる歩みを果たしてきたのであろう。恐らく世界でも珍しい雑誌であることにまちがいない。

これらの輝かしい歴史を踏まえて、これからもがんばって欲しい。せっかくの機会なので、一つだけ意見を寄せさせてもらいたい。それは、この十数年、主張しつづけてきたことであるが、社会教育は行政主導から脱却して、住民主導への路線変更のすすめである。66年の歴史を振り返ってみると、昭和30年代半ばまでの高度成長経済が始まる前までは、社会教育は公民館をはじめとして住民が支え、提供者になっていたと思う。その後、税収の増加によって大量の公務員が採用され、行政が提供者に変わり、住民が送り手から受け手になっていった。

この体制は、平成3年のバブル経済の崩壊までつづき、税収の極端な減少によって、行政はいつまでも提供者でいることができずに、住民が参画しないと事業提供が厳しくなっている。住民も意識の高まりと能力向上で受け手を返上し、提供者になりつつある。

これからの超高齢社会の到来を向かえて、社会教育予算の減額はスピードを増してくる。現状の提供水準を守っていくためには、住民の助力や参加は不可欠である。恐らく多くの自治体がこのことを考えているが、打開策としての実行案を取り入れている市町村は少ない。私の提案は、まだ財源、人手に余力のある間に、住民の担い手を育成してもらいたいということである。住民の支援者養成講座（全3～7回程度）は予算もかからないし、従来の講座の組み換えで開催できる。つぎの10年のために実行して欲しい。

特にシニアの社会参加団体の人材育成を中核にした活性化が、これから重要になる。最初に、研究者とは研究の対象を外側から見ている。性格特長等をとらえて、分析してまとめることである。私は他の研究者と違い、対象を外から見るのではなく、対象の中に入れてもらい、改革に役立つことを提示していく。こういう実証的な研究者なので、対象の中のことを常に詳しく知る努力をしている。

シニアは定年退職後は、体は元気だが問題がある人が多い。日々の生活であるが、活力もあり、生き生きと暮らしているかどうか。退職後の自由時間が、80歳まで生きたとして

10万時間ある。90歳が平均寿命だと15万時間になる。この大変長い10万時間を元気で長生きし、生き生きと毎日楽しく充実させてじょうずに使える人は少ない。じょうずに使いたいと思っている人で自分の好きな趣味、例えばゴルフ三昧、海外旅行三昧、写真三昧、などども一年もたない。一年でたくさんになる。長続きさせることはできない。生き生きと過ごすには仲間の存在なしには考えられない。何よりも元気を保った上で生き生き過ごす必須条件は地域での仲間づくりである。

シニアの地域活動の活性化とは、「地域での仲間づくりが大切である」。

この、シニアの活動を表わすのに私は三つの層に分けている。

下記の図3―1のようになるのだが、

第一層：リーダー層（世話人・支援者・サポーターと一芸に秀でている人の2種類いる）

第二層：グループ活動層

第三層：なにもしない層

図3－1　3つの活動層

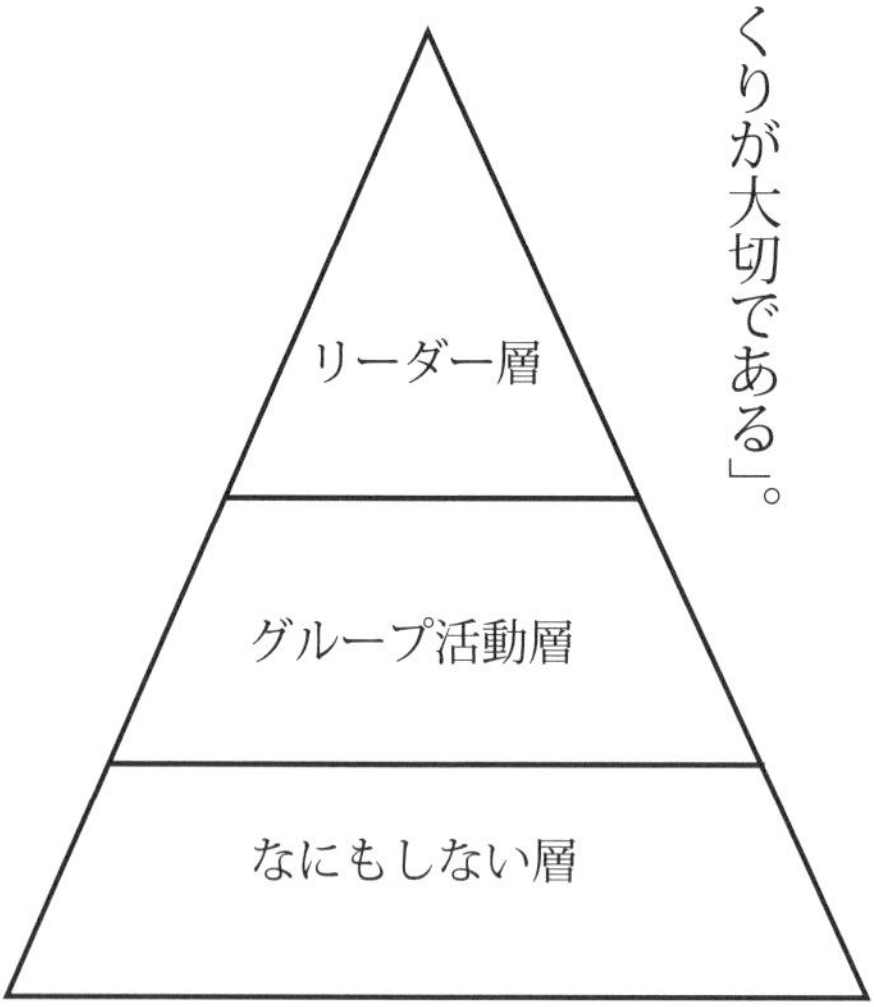

となる。第三層が70％の人、第二層20％、第一層10％となる。

八王子市はシニアが10万人いるので、第一層「リーダー層」が1万人、第二層2万人、第三層「なにもしない層」7万人となる。

10年前に、八王子市でも元気老人の組織をつくろうということで、市が「高齢者いきいき協議会」という組織を作った。私が10年間会長を務めさせてもらった。10年前にこの協議会の成果として、指導者を発掘しようと「一芸」バンクの報告書を作り「講師登録」という厚い本を作った。この中で

・シニアの活性化のリーダー養成が重要であること。（高齢者活動のコーディネーター養成講座が開始された）

・マッチングが重要であること。（センター元気ができて、現在の仕事が始まった）

を二本の柱として提言し、実現した。

以来、10年間この協議会の報告をフォローしている。この時の一番の結論は「コーディネーターの養成」であった。そして、リーダー養成講座が実施されている。

10年経った最近は、次の10年を考えている。次の時代は4月から開始できると良いと思っているのだが、大きな課題はリーダー層ではなくて、「なにもしない層」第三層への対処

である。第三層へ研修講座等の働きかけをおこなって、「グループ活動をする」第二層へ、そして「リーダー層」へと押し上げること、これが次の10年の大きな役割である。「高齢者いきいき協議会」という名前を止めて、別なかっこいい名前にできればと考えている。第三層はこのまま放っておくと、数年後に病気になり、医療費と社会福祉費が膨大になる。

このための対処策を考えるのが次の「いきいき協議会」である。新しいシニアの地域活動の活性化で、第三層「なにもしない層」を少しでも第二層「グループ活動層」というなにかの活動をしてもらうことを目標とする。これは図では簡単だが実際は非常に難しいことである。第三層の人は、定年退職後、数年「趣味三昧」をして、行き詰ってしまう。そして、3から5年で体調を崩し、莫大な医療費、社会福祉費を必要とすることになってしまう。ここでかかる医療費、社会福祉費は今のままいくと、市の予算の全てを使ってしまう。他には回らなくなってしまう。このことを考えるとシニアの活性化によって、第三層を第二層、第一層にし、元気なシニアになって病気にならない方が断然少ない費用で済む。「いきいき協議会」ではこのことを次の主テーマにすることを検討したいと思う。

過去にもいろいろそうだったが、大きな変革という時には官公庁などの機関よりも、市民の団体の方が活躍できる。これからの社会の変革を担う組織としては「センター元気」

や「八コー会」などを含め市民団体に期待するところが大きい。

地域活動には従来二つに分類された。

これまで、非経済活動が活発であったが、これはボランティアをしている人が裕福だったことによる。すなわち、今80歳以上の人は年金が十分にもらえているので裕福である。ところがその後の人は年金の支給が下がり、70代の人は「ガクン」と落ちる。60代の人はもっと下がっている。従って、年金だけでは暮らしていけない。生活上どうしても、年金にプラス月５万円程度の収入が必要である。そして、団塊の世代が務めを終え、年金生活に入る65歳になったとき、２０１４年だが、これは、年金の支出総額が非常に大きくなるので、国家的に大問題で、「２０１４年問題」と呼ばれている。年金だけでは生活できない。そこが違いである。それらの人々を中心に「ある程度稼ぐ」しかも、「生きがいのあることに従事する」ことから厚生労働省は「生きがい就労」と呼んでいる。「経済活動」と「非経済活動」の間に「橋渡し」をつくり、この橋を「生きがい就労」という名前をつけた。多くのシニア団体は非経済活動中心だが、今後経済活動のことを想定して、活性化支援の団体は「生きがい就労」を提供したり、創出したりすることが必要であろう。

2　横浜市港南クラブに出講して

上廣倫理財団の派遣講師として、横浜市の港南クラブの「公開講演会」に呼ばれて、本年2月に出講した。このクラブは平成5年6月、健康生きがいアドバイザーの伊藤美和氏をはじめとして、6名の人達によって開設された。私は発足間もない時期に一度出講したことがあったが、その後、出講していなかった。

伊藤氏とは健康生きがい開発財団の会合やいろいろの所で接触があったが、その後のクラブの状況を前から知りたいと思っていた。幸いなことに、その機会が訪れて、出講のはこびとなった。『20年誌—記念文集』（平成25年5月、全74頁）が刊行されたので、内容を点検して会場に向かった。

地域を基盤にして、中高年サラリーマンOBが健康や生きがいづくりを目的とした諸活動をおこなうという団体は、どこの都市にも、近年、たくさん生まれているが、20年以上継続している団体は多くはない。この団体に私が着目しているのは、20年以上も活発に活動を続けている故である。本クラブの特徴について、「運営要領」を参照すると、1つは

表3―2　講演テーマ

テーマ	教養啓発	運動ウオーク	趣味娯楽	旅行	見学	健康医療	料理他	計
回数	27	7	6	5	6	2	4	57

地域が横浜市港南台、洋光台、本郷台のＪＲ根岸線の沿線という広域である。２つは、活動内容が以下の６項目と幅広い。

1. 健康・生きがいづくりのための情報交換・学習の場を設ける
2. スポーツ・趣味・旅行など実施する
3. ボランティア活動をおこなう
4. 地域のイベントにクラブとして参加する
5. 地域住民のためのイベントを企画し、開催する
6. その他

具体的に、毎月１回の定例会（現在まで２４９回）が主要事業で、平成21年から25年の内容でみると講演テーマは、表３―２のように、教養啓発の分野が圧倒的に多い。

平成25年度の定例会テーマ一覧表を引用すると、表３―３のようになる（20年誌、74頁）

講師は通常こうした団体の場合、外から専門家を呼ぶことが多いが、本会は会員が務める割合が高い。22年会員（7回）外部（5回）、23年（8回、

表3―3　講演テーマ

No	テ　ー　マ	月　日	担　当
236	お酒の話し	25.1.26.(土)	蛭子 雷児(神奈川健生)
237	中国問題について	25.2.23.(土)	筧 武雄
238	シニア世代の心のおしゃれ	25.3.30.(土)	橘 芙美子(ビューティプロ)
239	バス旅行	25.5.8.(水)	川島 正一(会員) 杉野 實(会員)
240	20周年記念 シンポジュウムの開催	25.5.25.(土)	臼井 太七(主幹) 会員 一同
241	ADL体操	25.6.29.(土)	上田 隆一郎(神奈川健生)
242	技術者から見た日本経済の行方	25.7.27.(土)	小塚 誠一郎(会員)
243	傾聴ボランティアを体験して	25.8.31.(土)	小野田 鉄男(会員)
244	横浜気象台の見学	25.9.27.(金)	杉野 實(会員)
245	男の料理教室	25.10.26.(土)	駒木 みどり(栄養士)
246	私のライフワーク ～生きがいの源泉	25.11.30.(土)	英 孝(会員) 三好 鉄男(会員)
247	わが人生をふりかえる③ ―――対談方式――― (C)はコーディネーター (P)はパネラーの略	25.1.26.(土)	(C)沖田 武雄 (P)阪川 信夫、増沢 秀明 堀 正治、柳田 里美

4回)、24年(8回、4回)、25年(7回、5回)。

つぎに、分科会の活動内容は、IT研究会(毎月第3火曜日)、茶友会(毎月第4土曜日)、ゴルフ愛好会(函南カントリークラブ)、ハイキングの会(第2水曜日)と4つのサークルが開催されている。これは経験を積んだ会員が「この指止まれ」という形で呼びかけ、賛同した人が参加するという方法で運営されている。

『20年誌』は「発刊にあたって」を伊藤代表幹事をはじめとして、「写真で見る活動記録」(12頁)、20周年記念シンポジウム「地域はあなたを待っている」が掲載されている。コーディネーター(茂木一晃)、パネラー(守屋光司、杉野實、小野里康興、沖田武雄ら会員が全員の出演であった(22頁~25頁)、会員のエッセイ(26頁~59頁)、資料編(68頁~74頁)

など手づくりであるが、写真をたくさん入れて、会員全員の個別写真が掲載されていて、読む人にとって興味深いと思った。

さて、私が依頼されたテーマは、「シニアが地域社会で活動するには」というもので、ここで持論を述べた。自分の好きな活動をおこなう。継続するには、グループに加入する、進めるためのノウハウを取得する、少し活動が進歩したら、発表したり、後身に教えたり、支援したり周りの人に役立つようにする。

このように活動していけば、活動の楽しさや喜びが大きくなり、だんだんと自分が成長し、社会とのつながりが強くなる。ある程度、年季が入ってきたら、１つか２つ位の役割を持って、多くの人と手をたづさえて活動を続けると、地域とのつながりが強くなり、新しい友人や協力者が得られて、地域づくりに貢献できる。これは、大変な喜びや生きがいになる。

これまでは、これらの地域活動は無償のボランティアとしてつづけられてきた。多くの退職者が月々の年金で暮らしていける人たちである。ところが近年、ほとんどの学習団体で自分達よりも若い60代が入会してこなくて、活動のパワーが落ちてきている。なぜ、その世代は入会してこないのか。古い団体ほど、若い人が不足して、存亡の危機に落ち入っている、今後を予想すると、この傾向は、これからが本格化する。現在は序の口と表現できる。

若い世代がなぜ地域活動に入れないか、原因は、年金だけでは生活できないから、収入を得る仕事に従事しなければならないのである。団塊世代が65歳を超えても、あと5年は働きつづけなければならない。地域活動に入ってこれるのは、70歳以降である。それ以前の生まれの人に入会してもらうためには、学習団体がしかるべき収入を獲得してあげないといけない。

無償ボランティアでなく、有償ボランティアでないと入会できない。できれば、それよりも、もう少し収入金額が多い、コミュニティビジネス（CB）や自営業に近い収入が不可欠である。私は近年、そうするには、どうしたら良いかを研究している。しかし、現状では、全国からユニークな事例を集めて、３００事例の集計をおこなったり、詳しい現地調査をしている段階である。講座では、これらの地域事例として、八王子、町田、相模原、小田原の４市（１４０事例）の事例を記述したことを話した。（詳しくは拙著『生涯現役の社会参加活動』日本地域社会研究所２０１１年参照）

２時間話し過ぎてタイムオーバーになり、約束しておいた質疑の時間が無くなった。幸いなことに、講義の後に、懇親会があったので、質問を出してもらい、回答をすることができた。それらの代表例を紹介しておきたい。

・本日の話は、10年早く聞きたかった。そうしたら自分の人生は変わっていた。

〈答〉それは間違った考えで、明日から行動すれば、間に合わないということはない。

・収入をともなう活動として、何をすればいいのか。

〈答〉レッスン事業、講師収入、教材販売、パソコン、ヘルパー、傾聴、市民後見人、観光ガイドなど育成などニーズの強い講座教室など、イベントのプロモート、物品販売、施設の指定管理などシニア向きの事業はたくさんある。

・事業を活発化させる方法はあるか。

〈答〉収入面で行政や企業の助成金を申請する。問題は記入する人がいるか、行動力のある60代のリクルート。

・会員の減少に対して、どのような対策があるか。

〈答〉新人のリクルート。魅力ある事業の運営。入会して自分の人生が変わる位の団体になってもらいたい。

本クラブでは、講演の後に必ずアルコールつきの食事が用意されている。ここは何でも話せる場となっている。恒例の一言発表があって、最近の活動、心境、講師への質問などが活発に話された。どこでもそうだが、3割を超す人が出て盛り上がっていた。

40年ぶりの大雪で、雪かきやって、腰が痛いという人が4人いた。本年1月から駅前商店街の一角で、空室を月間10万円で借りてコミュニティカフェを始めたいと発表があった。6人で1人50万円出し合って、店舗づくりをやって、収入はレンタルボックス50箱を1コ2万円で貸して、家賃収入は獲得するということである。

多くの会員が、なるべく早く一度たづねると反応していた。まさに新しい動きである。学習団体もつぎのステップに変わっていく時がやってきていると思う。

第４章　地域の人材育成の主体

一　まちを元気にするシニアの地域活動

住民の新しい動き／予算減で行政依存から目覚める

シニアパワーを使ってまちを元気にするためには、活動を活発化させなければならない。そのためには、いろいろの条件が必要になるが「まちづくりは、人づくり」の合い言葉も流布しているように、担い手、支え手など人づくりが不可欠である。私は、この条件をクリアする手法として、これまでにも二つを考えてきた。一つは、住民全体を巻き込んで啓発し、担い手になってもらう活動であり、他の一つは、リーダー層も含めて支援者をつくることである。

この二つの手法で先進的な実践をしている事例を体験レポートとして述べてみることにする。前段の5回は、担い手の拡大、増加策について、後段の5回は、リーダー層の育成について言及する。

昭和24（１９４９）年、教育基本法の精神に基づいて社会教育法が成立し、国は学校教育と同じように、学校外教育である社会教育は国が責任を持って実施すると、行政主導で推進してきた。

人々は、長い間、この習慣に慣らされてきたので、すっかり行政依存の体質になってしまった。しかし、平成に入って91年末にバブル経済が崩壊し〝失われた20年〟といわれる不況が続く間に、国の財政は、借金１０００兆円、税収は大きく落ち込み、生涯学習、社会参加に支出できる金額は、国も自治体も約半分に減ってしまった。

一方、高齢化率は、上昇を続けて、20％を超えるに至っている。高齢者の多くが退職後、あり余る自由時間をどう使っていいか分からずに、することも無く、行く所も見つからず困っている。この状態を放置したら、健康長寿は失われて、医療・福祉予算は、いくらあっても足りなくなる。活動をする人を一人でも増やすには、行政以上に住民が事を興さなければならない。この10年で、この目覚めは、全国各地で始まっている。

学習施設の指定管理／住民団体などに委託し経費削減

この10年の地方自治体は、財政難のために、担当職員を減らし、事業も縮小してきた。

だからといって、これ以上、両方とも減らすわけにはいかない。この打開策として取り入れられてきたのが、住民の協力、手助けである。

平成15（2003）年、国は地方自治法を改正して、公共施設の管理運営を株式会社、NPO、住民団体に代行させることを可能にした。

これによって、文化会館、図書館、体育館、生涯学習センターなどを住民団体に委託し、経費の削減とサービスの向上をめざすようになった。

上下水道、電気、冷暖房などの建物管理は、ビルメンテナンス業者がおこなうとしても、事業の運営は、一部の大手事業者は例外として、多くの事業者はNPOや住民団体に協力を求めることが多くなった。

この分野に実績を持っている住民団体は、ジョイントを組んだり、部分委託による学習事業提供をおこないはじめている。

私が、日頃出入りして、良く知っている事例として、東京都足立区と神奈川県小田原市の現状を報告してみたい。

足立区の場合、区立生涯学習センターを直営で運営していたが、数年前から、地元の企業が指定管理をコンペで取った。メインの区民カレッジや基幹になる講座のいくつかを「学楽の会」というＮＰＯ団体が運営を委託されて開催している。こうした事例は、全国にいくつもある。

小田原市は、平成24（２０１２）年から、生涯学習センターの管理運営は、ビルメンテ分野を除いて、住民団体によって組織されたＮＰＯが学習情報、機会、相談、受付など、すべての事業を指定管理制度に基づいておこなっている。

この事業に従事している住民は、これまで長期にわたって、市民教授を務めたり、団体のリーダーをしたり、市民大学に関わったり、経験豊富なので市の直営時と比べて、経費の削減、サービスの向上などが進んでいることは確かである。

活動の活性化／継続へ若い人のリクルートを

高齢社会の進行に比例して、人々は学びを生活の中に取り入れて生きがいづくりのために継続的に活動する割合が増えている。その一つの方法として、学習サークルや団体への加入が活発化している。私の推計によると、全国に公民館は2万カ所設置されていて、おのおの１００団体が存在すると、２００万団体という数が多彩な活動をしている。

この他に、生涯学習センター、図書館、体育館、文化センターなどにも、同様の団体は存在している。数では、町会、自治会の集会場の同好会が最も多いであろう。多くの人たちが、そこに所属し、活動を楽しんでいる。こうした人たちと、退職後何もすることがなく自宅にとじ込もりがちな人と比較すると、健康長寿は大きく異ってくることは間違いない。

だから、少しでも長く活動が継続できることが求められるが、残念ながら団体、サークルの寿命は意外に短くて3年間もたせるのはとても難しい。

私はどうしたら少しでも長く存在し、メンバーに「楽しくて、ためになる」にはどうしたら良いかを考え、各地を訪ねて活性化方法を説いて歩いてきた。

最も長い期間つき合ってきたのは、東京都北区民大学修了生の会である。この会の設立は、昭和50（1975）年であり、主な活動は全員がサークル（短歌、俳句、経済、源氏物語、さんぽ、読書・歴史など）に所属し、月1回集まり、1年かけて学習成果の発表会をおこなう。毎年、立派な報告書を作って成果を共有している。

会は30数年経過したので、最初の頃に入会した会員は、80代を超えているが、元気な人が多い。毎年新人募集に力を入れているが、若い人の入会は多くないので、会の平均年齢は毎年上昇する。近年、会員も減少して活動も低調になってきている。

再び活性化させるために、少しでも若い人のリクルート（求人）に全力を挙げなければならない。

住民主導のメリット／経費削減とともに愛塾心育てる

自治体主催の講座や学級から生まれた学習サークル団体が、自分たちの力で学習会をおこなっている実態を前回で述べたが、ここでは、行政からの支援は受けないで自力で講座を開設している事例について述べてみたい。

定員数が大きくて、年間回数も多く、広域で開催し、学習レベルが高い講座を市民大学（カレッジ）という名を冠して実施している学習団体が近年増加している。

私が最近全国調査をおこなったところ、約１０２自治体から回答が得られた。その中で、代表として歴史も古く定員数も多く、知名度も高いのは、静岡市にある清見潟大学塾である。開設は昭和60（１９８５）年で、12講座、１６０名の受講者で始まったが、現在は１３４講座、３０００人に拡大している。行政からの支援は市内公民館を無料で借用しているることだけで、資金的援助は、一切受けていない。

毎年１月に講師（市民教授）を募集して、パンフレットとチラシを作成し、受講者を募集。4月から開講（月1回から2回コース）、受講料は、1回500円である。

講師は、受講料を最初の講義で集めて、1割を事務局に納める。塾は、このように受益者負担で進められ、〝良貨が悪貨を駆逐する〟を合言葉にして優れた講師は何年でも受講者を獲得できるが、魅力のない講師は1年で受講者が来ないので続けることができない。これは、まことに巧みな運営手法である。

これだけの塾を自治体が提供するとしたら年間経費は職員人件費2人とアルバイト3人で2000万円。講師料1334講座で1回1万円として1340万円。PR、雑費を入れると、3500万円ぐらいはかかる。しかし、住民主導だと、事務所家賃60万円、パート、アルバイト人件費180万円で運営ができる。住民主導のメリットは、経費だけでなく、「自分たちのもの」という愛塾心も大きい。

各地のシニアカレッジ／何でも学ぶ雑学方式が普及

清見潟大学塾の優れた運営方法は、多くの学習団体が取り入れて、現在、北は宮城県、西は福岡県まで30カ所ぐらいに拡大している。続いて、住民主導で普及している市民大学の手法は、雑学方式である。この方式の元祖は、昭和54（1979）年開設の吉祥寺村立雑学大学で、在住の有志が町の喫茶店主に依頼して「コーヒーの話」、歯科医の「歯の話」など週1回、年間50数回、現在まで続いている。

運営の手法は、講師料、会場使用料、受講料が無料という「三タダ主義」である。会場は長い間百貨店が貸してくれたが改築後はダメになったので、飲食施設を借りて、昼に講座終了後、希望者は、ランチを食べてもらっている。受講者は20年以上の人も少なくなく、連続読み切り講演会を楽しんでいる。

受講者は、常連の人が多いが、単発で内容によって通ってくる人もいる。開学当初は、生活密着の内容が多かったが、近年、大学教授、専門家による美術史、哲学入門、都市景観など堅い内容も増えている。雑学系の老舗なので、講師希望者は多く、半年先まで決まっている。

この方式を取り入れた後続の東京雑学大学（平成６（１９９４）年開学）は定員１００名以上で規模が大きく週1回と活動も活発なので講師希望者が多く、1年先まで決まっている。

内容は、大学教授、専門家による人文、社会、自然科学などバランスを考慮して依頼している。設立当初は三タダ主義で運営していたが、途中から年会費４０００円、１回受講だと500円を資料代として取るようになった。受講者の年齢は高く、ほとんどが高齢者である。

この手法も、運営は難しいことがなく、少しその気になれば開設可能なので、全国各地で取り入れる所が多く開催場所の名を冠した雑学大学が30数カ所生まれて数多くの高齢者に喜ばれている。

かぬま生涯学習大学／リーダーの育成を積極的に推進

まちを元気にするための方策として、私が提案してきたのは、住民の自治意識を高めるための学習講座を活発におこなうことと、リーダーを育成することであると述べてきた。

前者については、すでに言及してきたので、これから後者のリーダー育成を先進的に推進してきた代表例を紹介することにしたい。

まず、最初に栃木県鹿沼市（人口10万人）であるが、市は私にリーダーの育成講座について出講を依頼してきた。当時、私は宇都宮大学生涯学習研究センターに勤めていて、同種の講座を開講していた。

受講者の中で同市からの人が最も多かったので、熱心な人が多いことは分かっていた。

講座は４月スタートで毎月１回開催、３月修了。リポート提出と最終日に実践報告が義務付けられた。

講座としては、かなりハードルが高かったが、30名の人が修了して市から生涯学習推進委員（ＧＬＡＤ）に任命された。この人たちを中心メンバーにして、市は市民カレッジを公民館を会場に２０講座で開校した。

平成11（１９９９）年には、待望の市民情報センター（機能は生涯学習センター）をオープンさせて、「かぬま生涯学習大学」と改称し、講座数も１４７に増やした。このうち約半分は、庁内各課の提供であり、ＧＬＡＤが企画運営するのは40講座である。

ただ運営は、申し込み、参加者名簿、教室運営などは、市から依頼されてＧＬＡＤが有償でおこなっている。ＧＬＡＤ発足後、20年になるが、先日もセンター内に事務所を借りている会の数人の人に会ってきた。

20年の実績は、彼らを大きく変え、講師、行政内部の各種委員、町会・自治会の役員、など変身させ、市内で活躍していることに驚かされた。

米沢鷹山大学／確実に実施できる内容に厳選

山形県米沢市（人口9万人）が「生涯学習推進計画」を策定するので指導してもらいたいと依頼されて、平成12（2000）年に同市を訪ねた。

この種の計画はどこの市でも、実行は難しいという内容も含めて、ありとあらゆる事業を網羅的に書き込むのが常である。しかし、当市は、確実に実施できる内容だけに厳選してもらいたいという注文であった。

私は、この見識の高さは、さすがに上杉鷹山の元城下町と感心した。計画のポイントは、従来の行政主導の進め方をやめて、住民主体のものにすることと、公民館、文化センターなど各公共施設で提供されている学習プログラムを「鷹山大学」という市民カレッジに統一してほしいということであった。

公民館等の管理運営は、地元の町会、自治会協議会に委託し、庁内各課で開催している講座は、平成13（2001）年からスタートさせた生涯学習支援者（マナビスト）養成塾を修了した人たちで組織するOB会に運営を手伝ってもらった。そのために中央公民館の1階に事務所を貸してマナビストに有償で仕事を依頼した。

鷹山大学は、毎年２５０講座前後開催しているが市各課提供のものが半数で、住民が企画しているのは、50前後である。

市は、マナビスト養成塾に代わって、近年「まちづくり人財養成講座」（全12回）を開催するようになった。修了者は、各種ボランティアとして市内の多様な施設で活動をしている。

一方、ＯＢ会は12年から市民企画講座「おしょうしなカレッジ」の運営企画力を高めるために、独自の「マナビスト養成塾」を再開させた。初期に塾長を務めた身として、今後に期待するところ大である。

立川市民交流大学／生涯学習事業への市民参加推進

東京都立川市（人口18万人）は、平成17（２００５）年にこれまで行政中心に進めてきた企画運営をはじめとする生涯学習事業に市民参加を図り、「市民力で創る生涯学習」をめざす「第３次生涯学習計画」を策定した。私は、これまでにも当市の関連事業に参加してきたので、委員として関わった。

提言のポイントの一つは、行政と市民が協働して運営する「市民交流大学」で、平成19

（2007）年に講座の企画運営、市民と行政の役割分担など準備を整えて開設した。会場は、生涯学習センターと公民館を組織変えした地域学習館を使用した。講座内容は市民企画、団体企画、行政企画の3種類で300のうち80％が行政企画で占められた。

これでは、市民と協働というわけにいかないので、市民企画の講座を増やすことと、運営もできるボランティアを育成する必要が急務となった。

交流大学の担い手を育成する講座が開設されて、修了者を中心にして総務部会、情報・広報部会、講座部会の三つの部会に希望に沿って配置された。

講座の企画運営は、部会を中心にして、市民主導で展開されている。地域交流館の運営は、部会委員と地元の協議会が連携しておこなっている。

ただ、こうしたOB会のメンバーは、発足当初の3カ年で育成講座が打ち切られたことで、人数的に不足している。特に、講座部会がその傾向が強い。

交流大学が動き出して数年後、私は、評価委員を任命されたので、市民企画講座を増やすこと、そのために、講座部会のメンバーの募集と研修に力を入れること、市民なら誰でも応募できる市民教授の採用など提案させてもらった。

おだわら塾と厚木塾／税金負担を軽減させる市民教授

市民教授をスムーズに登用し、研修をおこなって市の税金負担をはるかに軽減させているのは、神奈川県の小田原市（人口約20万人）と厚木市（人口約22万人）である。小田原市は、平成８（１９９６）年に、市民教授を募集し、56人が誕生し「きらめきおだわら塾」がスタートした。

この塾の特徴は、市民教授が無報酬のボランティアであること、運営は市民の応募者による委員会がおこなっていることである。市民教授は年々増加し、平成19（２００７）年には、１６２人にピークを迎えた。その後、少しだけ減少し、平成22（２０１０）年は１３８人になった。受講者数は、１万１０００人と変わっていない。ここでも問題点は、市民教授の募集は苦労しないが、講座の運営委員の不足が常に起こっている。

私は平成19（２００７）年に「生涯学習コーディネーター養成講座」の運営を依頼されたので、講義とワークショップをおこなって、運営委員の育成の手伝いをさせてもらった。

毎年30人の市民が参加してくれたが、皆が運営委員になってくれるわけではないので、不足状況が続いている。平成23（２０１１）年に、市はこれまでの住民協働路線をさらに進めて、仮称「おだわら生涯学習大学」の準備に入り、生涯学習センターの管理運営を住民団体に委託した。これも行政経費の削減とサービス向上につながるであろう。

一方、厚木市は、平成17（2005）年に市民講師制度を開始し、「生涯学習リーダー養成講座」（全7回）を修了すれば、講師に立てることにした。当初13人の応募であったが、現在は150講座が開講されている。市は、税金を使っていないから講師料は、すべて講師に入り、年間375万円のコスト削減が可能である。

明石市のコミセン／先駆的手法でまちづくりの拠点に

兵庫県明石市（人口約29万人）は、旧自治省のモデルコミュニティ市の指定を受けて以来、東の三鷹市、西の明石市と一般に言われるほど、コミュニティづくりで有名な都市である。昭和46（1971）年、中学校にコミュニティセンター（コミセン）を開設し、98年に13校すべてに配置した。その後、小学校にも開設し、平成16（2004）年28校全部に開設した。

私は、当時、まちづくり拠点としてコミセンの役割に注目していたので、毎年明石に出かけて進捗状況を点検し、自分にできる支援をおこない、著書でレポートを書いてきた。

最近のレポートは「コミュニティづくりと生涯学習」で拙著『高齢者の生涯学習と地域活動』（学文社　２０１０年刊　１６７～１８２頁）に収録した。

どこの都市でも、施設づくりは、予算が掛かる。当市は、40年前から、コミセンはプレハブか体育館階下を利用して開設したので、予算を掛けずに全小中学校に普及したのである。これは評価できる方策である。運営については、住民協議会（町会・自治会、老人クラブ、文化団体、体育団体などで構成）に委託された。これも市職員を配置すると、人件費が掛かるが、市役所ＯＢ、元職員を嘱託として採用した。この運営方式は現在ではどこの自治体でも導入されているが、40年前から実施していた先駆性が注目される。

コミセンの主要事業は、文化活動と体育活動で、主催事業は２００講座（６０００人受講）、利用者は、年間で「文化」２万件（30万人）、「体育」５万件（１００万人）。登録サークルは８００（1万人）という数字である。

この10年でコミセンの利用者は、やや減少してきている。それは小中学生数が減ってきたことが主な原因である。一方では、高齢化率の上昇で駅前に生涯学習センターや高齢者大学など新しい事業もスタートしている。コミセンは従来の児童生徒中心から、これから中高年のまちづくり拠点としての役割が強くなってくることは間違いない。

西日本生涯教育交流大会／体験に基づく発表で情報交換

広域で活動する生涯学習とまちづくりの交流組織として、西日本生涯教育交流大会は、昭和57（1982）年のスタートであるから今年で33回目を迎える。当初、福岡県の社会教育職員とボランティアによって始められ、福岡県立社会教育総合センターが会場を貸してくれて、参加者は、次第に九州各県に拡大し、さらに、山口、広島、岡山、鳥取、島根など中国地方、愛媛、高知など四国地方からも増えてきた。

毎年、500人以上の人が集まり、これまでに740事例の発表がなされた。統一的なシンポジウムと各分科会をおこない、夜は参加者が全員集合し、各自持ち寄った名酒名産で本音トークを繰り拡げていた。ここでの交流が「来年も来よう」と同志的結び付きを深めて会を存続させられるように見受けられた。

第32回（昨年5月）のシンポジウム「高齢者の社会参加を考える」のパネリストを依頼されたので、2日間、多くの参加者と情報交換をした。シンポジウムでは、高齢社会の行く末について、楽観論と悲観論が対立したが、多くの人の見解は、どれが正しいかということを確認することではなく、両者の見解の調和を図っていくことではないかという結論になった。

実践事例の発表は、午前12件、午後16件があった。ほとんどの発表が体験に基づくものなので、まちづくり、人づくりについて、たくさんのことを学ばせてもらった。参加者は、ここで学んだこと、新しい知り合いをつくったことで、地域活動への意気と情熱を体得しているのがよくわかった。近年、社会はますますＩＴ化が進んで、瞬時にして情報は得られるがアナログによる対面の交流会も必要である。参加者の人数にかかわらず、私はこうした交流会が、各地で開催されることを勧めたい。なお、30年の交流会の発表事例（７４０件）に関する詳しい内容は、三浦清一郎論『未来の必要――生涯教育立国の条件』（学文社、２０１１年刊）を参照されたい。

二　各地の人材育成研修会に参加して

毎年秋には、各地の研修会に出講する機会が増える。平成26年も10月、11月に山口県、千葉県、青森県と自治体職員や住民団体を対象とした研修会に参加させてもらった。相変らず私の姿勢は現場体験の重視で、現地に対する事例の調査、到着してからの取材に力を入れている。

千葉県東葛飾地区は6市で構成されて、年1回各市持回りで振興大会を開催している。本年は鎌ケ谷市の担当でJR武蔵野線を乗り継いで現地に行った。山口県は、この数年「生涯学習地域づくりコーディネーター養成講座」に出講させてもらっている。子どもの志を育てる「平成の松下村塾」（全4回とも1泊2日）をはじめ人材育成に熱心な事例である。青森県は平成9年スタートの県民カレッジ（学生1．6万人、連携機関613）をはじめとして、人づくりに力を入れている。以下で3事例について報告する。

1 山口県生涯学習推進センターの研修に参加

山口県生涯学習推進センターへの出講は、本年度の職員スキルアップ研修であった。本センターとのつきあいは平成22年第5回「人づくり、地域づくりフォーラム」のパネルディスカッションのスピーカーと分科会の助言者として招かれて以後のことである。この時のあらましとセンターの事業については、詳しく報告したので、ここでは再掲しない（拙著『生涯学習「次」の実践』日本地域社会研究所２０１３年）。

このフォーラムは、主たる対象として九州、中国、四国の参加者が多く、運営委員会メンバーも、このエリアの人が担っているが、北海道、東北、首都圏、関西圏からも参加しているから、まさに全国規模である。中央省庁以外の主催者が開催する全国規模のイベントは皆無である。大変珍しいケースである。

大会の概要について、端的に紹介すると、期日は2日間で、著名人の記念講演、三浦清一郎氏が司会するインタビュー・ダイアログ、６分野（学校・地域連携、子育て支援、まちづくり・協働、環境保全、健康・食育、シニアの社会参加）の事例発表で構成されている。平成26年度で10回の開催になるので、１分野の発表者

表４－１　平成26年度運営委員事例発表

まちづくり・協働　指導助言者：伊藤一統氏（宇部フロンティア大学短期大学部教授）
1徳島県　上勝町　株式会社いろどり 過疎高齢化の進む町で高齢者の元気を引き出した「葉っぱ」商法
2山口県　柳井市　あじさいの里 中山間地域での農業の担い手の確保と地域活性化の取組
3広島県　廿日市市　ビッグフィールド大野隊 子どもの発表による体験活動やボランティア活動の推進によるまちづくり
4新潟県　新潟市　特定非営利活動法人まちづくり学校 市民参加・協働型のまちづくりと人材の育成でまちづくりの課題解決にチャレンジ
シニア世代の社会参加　指導助言者：長畑実氏（山口大学エクステンションセンター教授）
1山口県　周南市　ふれあいの森なんでも工房 荒廃している森を市民の森に再生して野外活動やものづくりのできるふれあいの場づくり
2大阪府　堺市　堺市セカンドステイジ応援団 市民と行政が協働でおこなう団塊世代の生きがいづくり・人づくり
3愛知県　名古屋市　NPO法人ライフステーション・あいち 団塊世代や高齢者のライフサポートとコミュニティーカフェの居場所づくり
4和歌山県　和歌山市　いきいきシニアわかやま シニア世代自らが計画立案しおこなうシニアの生きがいづくりの取組

4名だから1年間で24人が発表し、10年を換算すると240人が全国から参加し、発表したことになる。主催者や運営委員が選んだ事例発表はユニークでかつ優れた実践であるから、これを分析すると、興味深い成果が得られるであろう。

6分野24本の事例をくまなく紹介することは難しいので、私の現在最も関心の高い2分野の平成26年度版事例を表4―1で掲載した。

今後の本フォーラムのあり方について、秋本修所長に話を聞かせてもらった。本年度は、10回目の節目に当たり、近年ますますリピーターが増えていて、事例も参考になるが、再会を楽しみ、その後の経過、発展、成果を聞くことが学びになるので、話し合いの機会を増やして欲しいという意見が寄せられている。これに対応していかなければとの話を聞かせてもらった。この意味で運営委員会も重視している夜の交流会が大変重要なのだろうと思った。

さて、本年10月に出講させてもらった市町村職員対象の「スキルアップ研修会」は、生涯学習の最近動向についての講演であったので、私としては、近年ますます行政主導から住民主導の進め方が加速していることを話し、地域づくりのために、行政と協働して、人、もの（施設）、金、情報のマネジメントについて持論を述べた。

本来、概論的な話は、なるべく簡単に終らせて、各論的な内容を話したいと思って講演に臨んだが、前段で時間をとってしまって、後段の各論の資料をたくさん準備していったが、それはできずしまいになってしまった。

私はが最も述べたかったのは、人、もの、金、情報、システムについて、自治体職員にしっかりとした現状分析をおこなって、課題を発見し、解決策を掘り起こしてもらいたいということであった。

各項目について、１つだけにしぼってまとめてみた。人については、需要面で意識調査では、関心あり、したいという人の割合は５割とか６割に達するが、実際に足を運んで講座・教室に参加する人は、いずれの分野でも１割もいない。活動している人はいくつでも数多くおこなうが、しない人は、いつになってもしない。これをどうするか、解決策としては需要の掘り起こしとアクセスの改善しかないだろう。

ものに関しては、施設ということになるが、公共施設の不足と老朽化（新設は不可能）の問題がある。この解決策は、学校の再活用しかない。学校を借りるノウハウを身につけなければならない。

金については、予算の削減がますます進んでいる。人件費のカットによって定員も減少している。施設、受講料の有料化、団体の育成が不可欠である。システムについては、行政だけでは、ますます事業推進が難しくなるから、民間団体、企業、大学、学校などと連携して、手を取り合って進めていくことが不可欠になる。公設民営という運営方式の加速化によって、企業、民間団体への指定管理も進むだろう。

講演としては、以上のような各論と方法論を述べたかった。それは少ししかできなかった。研修としては、ニュースコレクターのスキルアップも予定されていた。

当県は、生涯学習情報提供システム「かがやきネットやまぐち」を稼働させている（年間14万件の閲覧）。事例として、山口市社会教育課の情報入力・更新の講義とNTT中国のスタッフによる実習がなされた。平成14年以来、団体サークル、イベント、講師、図書館、文化財などの情報ネットを立ち上げ、更新してきたかが説明された。

2　東葛飾地区社会教育大会に招かれて

本協議会主催の平成26年度「社会教育振興大会」は、10月に鎌ケ谷市中央公民館（平成26年4月開館）で開催された。大会のテーマは「社会教育による地域コミュニティの再構

表４―２　東葛飾地区の社会教育状況

No	市	人口（万人）	担当課職員数	社教委員数	公民館職員数	教育費（億円）	社会教育費	公民館数	成人一般講座数
1	松戸市	49	22	9	11	128	22	1	70
2	柏市	41	9	15	11	117	10	2	9
3	野田市	16	8	13	13	52	10	11	106
4	流山市	17	13	13	22	71	12	1	155
5	我孫子市	13	23	15	11	43	7	2	12
6	鎌ヶ市	11	25	18	20	36	10	5	7

資料出所：連絡協議会「社会教育振興大会」資料　平成 26 年 10 月

築」であった。私はこの大会の記念講演を依頼されたので数年ぶりに当地を訪ねた。

せっかくの東葛飾地区の訪問で、６市の主な役員が集まっているので、昼食の前後に、現地の最近状況について、可能な限り取材をさせてもらった。この大会は６市の持ち廻りで、毎年タイムリーな演題を、各市代表による運営委員会で決めて、講師依頼をしているとのことだった。主な参加者は各市の社会教育委員を中核にして、公運審、図書館、青少年などの委員、社会教育団体の役員、市町村職員などである。

６市の総人口は１５０万人で、行政の事務局職員数は１０８名、指導員35名で、各市別に主な指標を一覧表にしてみると、概略を理解することができる。人口40万人台の松戸市と柏市は、社会教育予算額と担当職員数が倍ほど違っていたり、我孫子市と鎌ケ谷市は、人口10万人台であるが、職員数は他の４市に比べてきわめて多いなど見えてくる。

これらの数字は表4―2の表だけで優劣を判定するのは危険で、もっとたくさんの指標を参考にして、事業の質を検討しなければならないことは、いうまでもない。講座数についても、数字の取り方にいろいろと多種あるので、野田市と流山市の3ケタの数字と他の4市の2ケタの数字についても吟味する必要がある。

大会の流れについてみると、主催者と県教育事務所の挨拶があって、2つの実践事例が発表された。

1つは、我孫子市立小健康クラブの伊藤裕美子氏による「総合型地域スポーツクラブの輪」であった。このクラブは、平成14（2002）年、文科省の助成によってスタートし、全国で541から現在2000台に増加している。千葉県内において、32市町74団体が存在するとのことである。

「つながる笑顔、ひろがる元気」をキャッチフレーズに幼児から高齢者まで自分のやりたい種目を住民が主体的に運営している。活動としてはスポーツ教室、サークル活動をボランティアスタッフの指導でおこなっている。場所は主に学校（廃校も対象）を使っている。クラブ指導者は学校の授業、部活動の支援もおこなっている。

伊藤氏は笑顔と元気を中心にして親しまれるクラブ、楽しいクラブをめざしてがんばっていた。

もう1つの発表は鎌ケ谷市の「学びいパソコン普及会」で柳澤康夫氏が発表した。平成16年4月から活動を開始して、発足時46名の会員であったが、家庭の事情、本人の健康問題などで、現在20名（女性5名）に減少した。平均年齢は70歳とのことである。活動の内容は、特別1日講座（初めてのパソコン、インターネット、ワード、エクセル、など）と定例講座連続4日間、プログラムは1日講座と同じである。

講師及びアシスタントは、すべて会員で、定例講座は応募率2倍であるが、1日講座は0.6倍で定員に達していない。今後の課題として、会員、受講者の高齢化と人数の減少、受講者のレベルアップ支援の難しさ、ソフトウエアの進化・変化に対応していくこと、受講者への系統的カリキュラムの提供など深刻であるとの話しであった。それにしても、会をスタートさせて、1万人の受講者を送り出したということは、大変な成果だったと思った。

私は「社会教育による地域コミュニティの再構築」という演題を依頼されていたので、コミュニティの定義から始めて、再構築のための人、もの（施設）、情報、金のマネジメント論を中心に地域づくりの活性化方策を話させてもらった。この地域は、千葉県の中でも人口が増加していて新住民が数多く移住してきている。新旧住民の協働交流というコミュニティの課題解決のために提案した方策が活用してもらえるとありがたいと思った。

3　青森県総合社会教育センターの研修会に参加

センターは設置のねらいについて、「第1条　社会教育の充実振興を図り、県民の生涯にわたる学習意欲の高揚及び学習活動の進展に資するために設置する」（センター条例）と書かれている。このねらいに即して、社会教育の県の中心としての事業をおこなってきた。平成26年度の運営方針について、次の5本柱を掲げている。

1．人材育成
　地域を支える人材の育成（パワフルAOMORI創造塾）、次代を担う青少年の育成
2．教育活動支援（学校教育支援、家庭教育支援、地域教育活動支援）
3．市町村及び団体への支援（関係職員研修、情報収集提供）
4．活動支援（県民カレッジ、情報コーナーの運営と指定管理）
5．施設提供

限られた時間であったがセンターの実績について資料を調べて、担当者への取材をさせてもらった。25年にわたって、当初の職員数20名を現在でも維持していることにびっくりした。というのは、多くのセンターが職員を減らし、なかには廃止させてしまった自治体があるからである。職員数が減っていないことは、事業数も、当時の数が維持されているということである。

この実績をみると、かかわった職員がそれだけがんばってきたという証拠であろう。私は、県民センターの全事業を紹介したり論評することは止めて、ここでは、目下、追求しているテーマである、住民主導の生涯学習活動と人材育成にしぼって取り組みを論じてみたい。

県の生涯学習の重点項目に、未来を担う人財育成（青少年、子どもの読書や活動充実など）、地域コミュニティの形成に向けた人財の育成（コーディネーター養成、ネットワークの形成）。

重点項目４本柱のうち、２本に人財育成が上っていることに注目した。当県では人材のことを「たから」という意味で人財と表していることも知った。いずれにしても、人材の育成のきわめて重視していることに、今日的問題意識の高さを感じた。

この点に関して、当県の第11期生涯学習審議会は26年8月に答申「学びと社会参加を通した人財育成—学びの種を拾う」（全17頁）を刊行した。この答申は本県の人口減少、少子高齢化状況の危機を乗り越えるために、人財の育成しか解決策がないという問題意識で書かれている。私の考えもまったく同じなので、わが意を得たりと当県は参考になる。

ここでは提案として、①効果的な情報提供、②学びの場の工夫（バリアフリー、グループワークの感動体験、住民参加）、③人財育成（リーダー、コーディネーター、住民との連携）の3本柱を出している。私は、この中から特に③人財育成が重要だと考えている。現在テーマとして、住民主導の生涯学習を選んでいるので、本県の人財育成には、特別に、関心を持った。

私の関心は、成人、高齢者が中心であるが、本県の場合、子ども、高校生、青少年、障害者も対象になっているし、領域も、自然活動、キャリア教育、健康促進、家庭教育など多岐にわたっていて、人財養成講座などが取り組まれている。

限られた予算とスタッフで実施していくのは、かなりハードな取り組みになっているのだろうと推察される。県民に、広く実効を上げるためには、身近な市町村の取り組みが大事になるので、そうした施策が少しでも多く実施されるといいと思った。

このたび招かれた講座は、生涯学習・社会教育関係職員を対象とした「シニアの社会参加活動と学習」というテーマの中央研修である。内容は、午前の部が同名の講義で担当させてもらった。午後は同名の演習で、講師は本センターの前所長石田一成氏（現在、青森明の星短期大学教授）が担当した。

私は、最初に社会参加と学習の概念について、２つの模式図を説明した。1つは、かつて民族学博物館の初代館長を務めた文化人類学者の梅棹忠夫博士の学習が入力（チャージ）で文化が出力（ディスチャージ）と続く2元論の考え方である。もう1つは、梅棹理論にヒントを得て、入力と出力の考え方を取り入れて、２つの活動は、同時点でおこなわれるという図式である。

学習は、受身型、参加型、指導・創造型にレベルが上昇していくと考えると、出力としての地域活動は、学習をしつつ実践活動をおこなうという同時進行が可能であるという考え方も成り立つ。私は、前者よりも後者が大事ではないかと論じた。この理論を前提として、個人と団体が活動を通して、どのようにして成長発展するのかを図式的に説いた。

ここで扱われなければいけない内容は、リーダー論、会員と組織の関係、グループ・団体の発展プロセス、マネジメントなど多様である。最終的には、「地域活動の発展」を重視して、人、もの、金、情報の4要素を軸に、持論を展開した。多くの高齢者が、これらの活動の中核を担い、他の世代をまき込んで活動にのめり込んでもらいたいと語った。素材と材料をたくさんもり込んだ資料に基づく講演をしたので、質疑応答の時間がほんの少しになってしまって、受講者との会話を短くなってしまったのは残念であった。

午後からは、石田氏の演習「シニアの社会参加活動」がおこなわれた。当県の高齢化率は、全国平均と比較すると、27・6％とかなり高い。特に町村部が高く31・3％となっている。高齢女性は、若い時から地域に定着しているが、男性は都会と同じようにサラリーマン化しているので、地域に溶け込めないで外出できない人が多い。

石田氏は、この状態は、高齢者自身にも地域にも、良い結果をもたらさないので、何とか最初は家から外に出るように、気楽に出てきて、隣人とつき合うような集会・会合を呼びかけ、新聞ボウリング（古新聞とガムテープ、空のペットボトルを用意して、各自でボウリング玉をつくり）競技を指導した。私も、実際にやらせてもらったが、短時間で作れて、ゲームも楽しかった。漢字ビンゴという遊びは、小学生から高齢者までゲームをおこなったが、本論で9つ書き出すのはけっこう大変で漢字を忘れていることを自覚した。

集会・会合への参加から、恒常的なサークルに入って活動をする事例として、当センターの前副所長を務めた鎌田英夫氏が、退職後に、近所のサークル「三内を美しく元気にする会」に入会し、数年で、仕事で獲得した広報（機関誌、パンフなどの作成）、事業計画の立案などをおこない、三内霊園（昭和17年完成、郷土の有名人をはじめ1・6万基）の案内、勉強会で活動している事例が発表された。

会は10年前に設立されて、会員は50名、大半が高齢者の男性ということである。公務員時代は仕事人間で、近隣の活動も地域の活動も、奥さんまかせで、まったくかかわらなかったとのことだったが、地域デビューして5年がたつと、退職後の生活で退屈な時間を過すことはなくなって、日々が充実していると話された。

研修会を終了し、夕方の飛行機の時間まで、少し時間があったので、鎌田氏に三内霊園に案内してもらった。棟方志功、洞爺丸海難者、函館戦争戦死者の墓などを見学した。ついでに、ねぶたミュージアム「ワ・ラッセ」も案内してもらった。かつて、地元の家具メーカーが運営していた「ねぶた会館」に行ったことがある。老朽化で閉館になったので市は文化観光交流施設として数年前に開設した。いつ見ても力強いねぶたに圧倒された。

三　山梨県内の高齢者活動人材の育成

山梨県は東京に近い割に自然が豊かな山国である。人口は84万人と少なく高齢化率は高い。どういう理由かわからないのだが、高齢者の学習活動や社会参加について熱心で、旧文部省の全国規模の長寿学園がスタートした平成元年に、私は担当者の一人として、全国普及を考える時に、山梨ことぶき勧学院（以下学院）を大いに学ばせてもらった。

いろいろな縁で、県のこうした分野と長いこと特別の関係を持って、仕事もさせてもらってきた。高齢者教育の先進県にも、時代の風は強く作用するようになって、主要事業も県の直営から、外部委託になりつつある。利用者、参加者ががんばらなくてはならない。そんな気持ちで、本年開催の勧学院の入学式と卒業生が作ったアドバンストクラブの10周年記念フォーラムに参加した。２つの事業の人材育成力に期待が高まる。

１　山梨ことぶき勧学院のその後

学院は高齢者の「生きがいの創出、新たな縁・絆の構築、地域の活性化に貢献できる人材の育成、健康増進」を目的として、昭和62（１９８７）年に開設された。２年後には、大学院も併設され、学ぶ意志のある人は、４年間にわたって学ぶことができるようになった。私は、平成17（２００５）年に学院担当の県教育社会教育課を取材して、18年間の歴史と現状について伺ってみた（拙著『高齢余暇が地域を創る』学文社２００６年）。

この本で、本学院の評価として、歴史の古さと長い継続（26年目）、人数の多さ、波及効果の３点をあげた（同書１５８～１６０頁参照）。

その後も、山梨県には、しばしば出掛けるので機会をみて、関係者や卒業生に会って、つとめて動向について話を聞くことにした。

平成23（２０１１）年、学院の廃止と判定された時に、山梨日日新聞から取材があったので「本学院は、これだけの水準と質を持って、県内全体に強い支持を受け、学習成果を活かした卒業生の活躍が評価される。これから、ますます高齢者が増える時代に、多少は縮小してでも存続すべきである」と答えたら、記事として掲載された。

私の意見がどの程度に効果があったかわからないが、その後、廃止は再検討され存続されることになった。そんな経過があって、平成26年度、本学院の入学式で記念講演を依頼された。演題は担当の社会教育課初鹿野仁主幹と打ち合わせて「余暇を活用した生涯学習—学びを地域にどう活かすか」と決めて、4月15日、甲府にあるコラニー文化ホールに出かけた。久しぶりの高齢者大学の入学式に出て、受講生の熱意に圧倒された。この機会に、その後の動向を書いてみたい。

本学院は、平成26年度から開講教室数、プログラム、受講料、運営方式などが大きく変わった。その理由は平成23年に県の行政改革の一環として、行政評価アドバイザー会議により廃止の判定を受けたからに他ならない。廃止の理由は充足率が74%に低下してきたこと、予算が4000万円と多いことの2つであった。県はこの判定に従って廃止を決定したが、その後、卒業生、在学生の反対運動が起こり、県民も反対する人が多く出てきて、廃止は取りやめることになった。

ただ、改革案として、定員が360名から300名、大学院の廃止、受講料の8000円を16000円に値上げ、開講教室数を9カ所から6カ所に縮小などを打ち出し、平成

26年度から新しい再出発をした。プログラムもかなり変わった。以前は、全体で18回あったが、26年は25回に増やしている。大テーマとして、地域を創る（8回）、知識を深める（6回）、「感性を高める」３回「時代をとらえる」４回「ふれあい行事」４回、と５つに分けている。詳細を表４—３に示す。10年前のプログラムは前掲書154頁を参照されたい。

表４－３　平成26年度１年生講座内容

No	大テーマ	小テーマ	内容1
1	地域を創る	つながりを創る①	開講式
2		つながりを創る②	若者との交流
3		つながりを創る③	地域での交流
4		学び活動する①	地域を知る
5		学び活動する②	地域の介護・福祉
6		学び活動する③	地域貢献
7		活動実践発表①	地域学習・活動討論
8		活動実践発表②	全体発表
9	知識を深める	健康①	高齢者の食生活
10		健康②	心身の健康管理
11		歴史①	山梨の歴史
12		歴史②	地域の歴史
13		経済①	暮らしの経済
14		経済②	消費生活の基礎知識
15	感性を高める	芸術鑑賞会	古典芸能
16		県立施設探訪①	美術館等
17		県立施設探訪②	文学館等
18	時代をとらえる	大学連携講座①	ネット講座
19		大学連携講座②	ネット講座
20		講演会①	入学記念
21		講演会②	卒業記念
22	ふれあい行事	入学式	始業式を兼ねる
23		勧学院祭午前の部	教室単位で舞台発表
24		勧学院祭午後の部	教室単位で舞台発表
25		卒業式	修了式を兼ねる

学習方法は以前とあまり変わっていない。月に金曜日２回、午前に講義、午後クラブ活動、半分は地域教室、半分は県立施設で開講される。教室での活動は、教室担当者がいるが、受講生の自主運営（委員長、学習委員、班編成（院祭、親睦、会計、記録、接待、レク）で１人１役となっている。詳細は表４—４に示した。

クラブ活動は、各教室別に編成されていて、自主運営である。受講生に最も喜ばれているのは、クラブ活動と研修活動

表4－4　各教室に設置されているクラブの状況

教室	学年	平成26年度　設置クラブ
甲府	1年58人	ハイキング、郷土史、写真、グランドゴルフ、カラオケ、長寿食研究会
	2年52人	郷土史、パソコン、グランドゴルフ、カラオケ、手芸、ハイキング、写真
中北	1年50人	ウォーキング、グランドゴルフ、ハイキング、旅、木彫、カラオケ郷土研究、健康マージャン
	2年33人	ハイキング、グランドゴルフ、郷土研究、おりがみ
峡東	1年26人	歴史ハイキング、絵手紙
	2年12人	ハイキング
峡南	1年22人	趣味、ハイキング、カラオケ、史跡めぐり
	2年36人	そば打ち、企業訪問、史跡めぐり、グランドゴルフ、レクリエーション、富士川下り
南都留	1年20人	コーラス、健康作り、地域学習
	2年23人	コーラス、健康作り、地域学習
北都留	1年21人	コーラス、絵手紙、地域学習
	2年10人	コーラス、健康づくり

で、毎年発行される各教室別の卒業文集を読むと、「学ぶこと、仲間に出会えたことが何よりもうれしかった」「クラブ活動の成果を学院祭で発表できたことがよかった」「クラブの仲間と一緒だから、やめないでがんばれた」などの発言が多い。

この他に、「一日研修」（1年）、「宿泊研修」（2年）のことも「よかった、楽しかった、一生忘れない」など評価が高い。前者は県内各地の日帰り。後者は郷土史（滋賀県）、ふるさと民俗（新潟県）、文学（滋賀県）、くらしと環境（愛知県）などに行っている（県教育委員会『勧学院、大学院創立20周年記念誌』平成19年参照）。

大学院（2年制）は残念ながら、平成26年から廃止されてしまったが、学部の2年が高齢社会、高齢者の理解、山梨を知る、古典、美術など一般教養、地域のことなど幅広く学習する。

高齢者の学習の成果について、近年、特に興味を持っているので、本学院の学習効果についても考えてみたい。まず、学部の２年については、以前は９カ所あったのが、平成26年から６カ所に減ったといっても、県内各地で、公共交通を使って、通学は可能だから、やる気、学ぶ意欲さえあれば、誰でも参加することができる。

かつては、人気のある教室は定員オーバーで、何年か待たなければならないこともあったが、現在では、受講料が年間１万６０００円に値上がりしたこともあってか、希望すれば全員が入学できるようになった。学部２年の学習は、既述の通り、高齢者自身の理解とか、一般教養に重点が置かれて、何かテーマを決めてレポートを書くとか、実践に新しく取り組むということは、あまり重視されていなかったと思う。

多くの受講者は、長く継続してきたライフワークを、そのまま続行させる中で、新しく学んだ事柄を付け加えるということが多かったことだろう。

これだけでも、大変な学習効果であると考えられる。この証拠として、着目したいのは、やまなし文化学習協会が推進する昭和56（１９８１）年スタートの「ことぶきマスター制度」（各市町村から推薦、その道の達人延べ１万２９８１人。）などに本学院の卒業生も数多く活動していることによってもわかる。

一方、大学院の卒業生も、この2つの登録者は、当然のことだがたくさんいて、地元の地域を中心に社会参加のリーダーになっている。これに加えて「卒論」を書いていることを高く評価したい。これは学部には無い制度なので、事務局、講師は労力も手間も大変だったと思うが、たいしたものだと思う。ただ残念ながら、予算と人手の問題で廃止されたので、これに代わる何かを創り出さないといけない。幸いなことに『20年誌』にも掲載されている民歩会（平成6年結成、ハイキングクラブ）、アドバンストクラブ（平成17年 大学院卒業生が結成）、コーラス笛の風（平成13年 歌を愛する人たちが結成）のような卒業生の活躍に注目したい。

クラブ活動でたくさんのクラブが期毎に存在した。OB・OGまで援助することは、手間のかかることなので、難しいという論議はある。しかし、簡単なマニュアルを作って、卒業時に働きかければ容易に結成は可能である。卒業後の学習と実践に期待するとして大である。

2　アドバンストクラブ10周年のフォーラム

アドバンストクラブ（笠井実代表）は平成17年３月にスタートし、来年が10周年ということで、平成26年９月に県立図書館多目的ホール（甲府駅北口）を会場に「公開フォーラム」を開催した。主催者のねらいは、「生涯学習の日常化」ということで、フォーラムの内容は、同名の基調講演と県を代表する３人の学習組織の代表によるディスカッションである。

私は基調講演とディスカッションのコーディネーターを依頼されたので、主催者と何度も打ち合わせして以下の文を発表した。

「全国各地で講座、学級や同窓会（ＯＢ・ＯＧ）による継続的で組織的な学習会が活発化している。狭い地域対象、小規模な公民館や高齢者学級の学習会とともに、アドバンストクラブのように全県的な規模の大きく高度な内容を追求する学習会もある。

いずれにしても高齢者が継続的に学び続けることは本人のクオリティーライフを高め、元気で長寿になる可能性の高いことが、実証データとして数多く報告されるようになってきている。元気だから活動できるということではなくて、活動しているから元気になったのだという調査結果が得られている。

このシンポジウムは、本県を代表する学習機関の責任者である3人が登壇、それぞれの専門分野や立場から生涯学習の活性化について意見を述べていただき、私たちはこれを参考に明日の実践に結び付けていきたいと考えております。」

時間配分については、パネリスト3人（県生涯学習推進センター長：井上利仁、山梨学院生涯学習センター長：永井健夫、アドバンストクラブ代表：笠井実（民間の立場））には、1人10分で所信を述べてもらって、補足は3分とした。その後、会場と質疑応答をおこなった。

永井教授は、平成5年、大学に生涯学習センターが東大名誉教授の宮坂広作氏によって創設されて、公開講座の提供とともに山梨に根ざした事業、各種学習機関への協力、地域人材の育成はもちろん実践を伴う研究に力を入れているという話があった。

私は宮坂時代から、定期刊行物として毎年発行している『大学改革と生涯学習』『センター研究報告』『センター紀要』はよく発行できるなと感心していた。国立の同種センターを除いて、私大で、この種のものを刊行している大学は非常に少ない。多くの私大が公開講座の数を増やすことや、受講生の獲得で手いっぱいであり、研究成果などは出せないのである。

県の井上センター長は、「山梨のアイデンティティ形成事業、学習支援事業、学び交流事業、指導者育成事業に力を入れていることを話した。「キャンパスネットやまなし」は県市町村、大学や各種民間団体と連携して、好きな講座を受講でき、学習室、交流室の利用もできる。新しいセンターは、県庁隣接の防災会館１階という好立地で、利用者が倍増するように思えた。二人のセンター長の話は施設の利用促進による県民への貢献であった。

笠井代表は、民間の立場で山梨文化学園（地元新聞社・民放のカルチャーセンター）及びアドバンストクラブについて話をした。文化学園は最盛期には４カ所で開校していたが、現在は２カ所で開設、受講者も減少している。アドバンストクラブについては、私も詳しく知りたいと思い、後日、資料を提供してもらったので、この機会に、10年の成果の概要をまとめてみたいと思った。

まず、月１回、講演会を開いてきており、10年間で１００回以上になる。そのジャンルを、先輩格の東京雑学大学と比較してみた（表４―５）。

前者は政治、文学、歴史・地理、芸術、保険・医療などが特に多いのに対して、後者は

表４－５　ジャンル別講義数の内訳

前者：東京雑学大学　後者：アドバンストクラブ

ジャンル	前者講座数	後者講座数
哲学・宗教	13	4
政治	31	10
経済	7	1
文学	30	13
歴史・地理	33	23
環境	22	2
家庭・生活	21	12
芸術	36	12
保険・医療	38	11
自然科学	15	6
ハイテク	12	2
教育	14	5
地元学	22	4
合計	304	105

歴史・地理が格段に多く、文学、家庭・生活、芸術、保険・医療の４つがつづいている。これが山梨の特徴と思えた。講師については県内（62人）、県外（43人）、職業は元職も含めて大学教授32人、芸術家16人、専門家62人、医療関係９人、公務員１人などである。性別では男性86人、女性19人と圧倒的に男性が多い。

会員については、平成17年で53人、22年で92人、26年で１１２人と増えている。所属年数は、10年(11人)、９〜７年（24人）と古い人が多く、会が安定していることがわかる。平成26年度、新規会員が27人というのは、大変な数字だと感心する。通常は、10年経過すると会員数は半分に減っていることが普通である。

会員を減らさないために、笠井代表が留意していることは、新年会、バスツアー、芸術鑑賞など人間関係の融和につとめていることである。年会費が１万円だから決して安くはない。これだけ払っても長く続けるのは、いろいろな楽しみがあるからだろうと思う。

ほとんどの会員が、勧学院で数年一定のテーマについて学習し、成果も発表し、同期会やクラブ活動をたくさん続けた人で、現在も、居住区の近くで活動をおこなっているようである。とすると、本会に期待するのは、一芸を極めた専門家の話や技を聞いて自分の肥やしにしたいということだろう。

だから、ここで小集団に分かれた活動をすすめるのは野暮と感じた。ある意味で、こういう学習団体が、最終段階と考えてよいのだろうと、会員と話して思うのだった。参考までに講演タイトルのキーワードを拾い集計してみた。

平成17年　高齢期の現実、韓国人、２人の天野知事、日銀見学、尺八、県立博物館見学、奇岩、腹話術、看護、男女共同参画、話し上手
平成18年　科学解説、ワイン、熱中症、地上デジタル、山と文学、芭蕉、俳句、エトの年賀状、選挙、山梨の波及、山本勘助、もったいない
平成19年　北朝鮮、篠笛、バレエ、化粧、万葉の歌、脳卒中、茶道、イルミネーション、戦争、介護

平成20年　健康長寿、源氏物語、フランスの魅力、山梨ルネサンス、笑い、老花、県立美術館、クラリネット、ロシア、女性議員、平和への祈り、富士山世界遺産
平成21年　横浜の山梨、老若参画、海ゆかばの作曲者、玉音放送、邦楽論、望月美江、オカリーナ、健康管理、古代の日本、ザメンホフ、ラオスの子とも、木喰上人
平成22年　望月百合子、白磁の人、今村大将、生きがい、大学の設立、短歌入門、選挙、書、アヴェマリア（演奏）、徐福、田村怡与造、歯の手入れ
平成23年　海洋酵母、仏のはがき絵、甲府空襲、ダイヤモンド、特攻、絵島生島、ストレス、江戸川柳、フルートとピアノ（演奏）、宮大工、女性の時代
平成24年　平塚らいてう、食品アウトレット、夢二、万葉集、宇宙、笑い、渡り鳥、白秋、ヴァイオリン（演奏）、小林一三、酒折連歌、川柳、国民文化祭
平成25年　古事記、新聞記者、笠井重治（代議士）、スズメバチ、女性宮家、笑う脳、ボーカル（演奏）、太田道灌、VF甲府、埴原正直（駐米大使）、甲斐国賛歌
平成26年　中国古代の美女、外交官、美、色彩、生涯学習の実践、宮中歌会始、末期がん、平家琵琶（演奏）、石橋湛山、いのちボランティア、言葉あそび

四　神戸市の高齢者社会参加事業

平成26年7月、内閣府の高齢対策のある委員会で同席した神戸市高齢福祉部の山平晃嗣部長に市の高齢者社会参加活動について、かねてから関心をもっていたので質問した。市としては、昭和36年開設の老眼大学（所管は教育委員会）と平成５年開設の福祉関連のシルバーカレッジ（本カレッジ）がある。どちらも、全国的に見て、最も歴史の古いもので力を入れているということだった。

そこで、両者に関連する資料を依頼して送付してもらい、自分でも、ネットその他の資料収集をおこなって、高齢者の地域活動、なかでもボランティア活動の実態についてまとめてみることにした。

生涯学習はともすると講座、教室など学びは長期的に熱心に継続される。しかし、学んで終わりというケースが多い。大切なのは、学びの先にある実践活動である。本市の推進は、そこを重視して、長年取り組んできたことを評価したい。

1　設置の経過と学習内容

本カレッジは「設置要綱」第2条「高齢者の豊かな経験を活かして自らの可能性を拓き、平和でこころ豊かな共生社会の創造のために、社会に貢献することをめざして学びあう生涯学習の場である。学習はコースごとの専門授業と、学年全体の共通授業、スポーツ授業、行事で構成する。」によって、平成5年7月に開校された。カレッジの概要は、以下の如くで、入学者はコース、専攻によって時代と共に変化している。

対象者は市内在住の57歳以上の者、期間3年間（授業週2日）、募集定員は420名、学習の場所は北区山田町の総合福祉ゾーン〝しあわせの村〟内の専用校舎である。交通系統は三宮駅、JR神戸駅からともにバスで30分の高台にある。

開校以来、約6000人の卒業を出しており、卒業生は、仲間づくりや懇親を中心とする同窓会とボランティア活動を積極的におこなっていく「グループわ」（入会率20％）に入会する人が多い。（卒業生の推移を表4―6に示す）

表4－6　卒業生の推移

コース／期	健康福祉	国流交流・協力	生活環境	美術工芸	音楽文化	園芸	食文化	計
定員[人]	100	100	100	30	30	30	30	420
1期生(平成 9年3月卒)	82	78	72	23	23	22	19	319
2期生(平成10年3月卒)	72	68	71	27	20	23	25	306
3期生(平成11年3月卒)	81	85	98	28	27	24	26	369
4期生(平成12年3月卒)	78	73	89	22	27	28	26	343
5期生(平成13年3月卒)	50	83	78	31	26	30	30	328
6期生(平成14年3月卒)	73	90	88	35	30	36	31	383
7期生(平成15年3月卒)	67	83	93	33	34	33	36	379
8期生(平成16年3月卒)	72	86	90	29	31	30	31	369
9期生(平成17年3月卒)	88	91	87	33	34	34	31	398
10期生(平成18年3月卒)	89	86	97	34	37	26	35	404
11期生(平成19年3月卒)	76	91	87	36	31	36	31	388
12期生(平成20年3月卒)	54	79	84	27	29	29	38	340
13期生(平成21年3月卒)	42	80	76	34	38	36	33	339
14期生(平成22年3月卒)	52	91	80	23	39	38	28	351
15期生(平成23年3月卒)	46	88	83	36	31	31	35	350
16期生(平成24年3月卒)	84	87	64	39	35	27	34	370
17期生(平成25年3月卒)	83	93	64	29	40	32	28	369
								合計6105

表4－7　学習日数

学　年	専門授業	共通授業	スポーツ授業	行事	合計日数
1年生	26	18	8(講義3･実技5)	11	63
2年生	30	15	8(講義3･実技5)	10	63
3年生	35	8	8(講義3･実技5)	12	63

カレッジの運営は、学長を議長とする運営委員会（14名）があって、運営方針や具体的学習内容の検討をおこなっている。「設置要綱」をみると、任期は2年、再任を妨げない。各コース別のカリキュラムについては、学習編成部会（11名）が検討している。庶務は神戸市福祉振興協会のカレッジ事務局が担当している。

学習日程については、1学期（4月～7月）、2学期（9月～12月）、3学期（1月～3月）で、授業日数は、次（表―2）の年間63日である。

平成26年度の各コースの学習目標について、以下（表4―8）の内容が出されているので引用させてもらった。

表4－8　学習目標

1. 各コースの学習目標

〔健康福祉コース〕

健康や福祉について体験的に学び、助け合って生きるための「心と技と体」を培い、

安心で健やかな地域社会づくりへの参加と実践をめざす。

〔国際交流・協力コース〕

国際都市神戸にあって、アジアの異文化に対する理解を深めるとともに、グローバル化する国際社会や地域社会について学び、国際交流・協力への参加と実践をめざす。

〔生活環境コース〕

自然・都市・食などさまざまな環境問題について学び、環境にやさしいライフスタイルの確立と、地域の環境活動への参加と実践をめざす。

〔総合芸術コース（美術・工芸専攻、音楽文化専攻、園芸専攻、食文化専攻）〕

さまざまな創作活動に取り組み、表現の喜びを味わい、文化の伝承に努め、こころ豊かな家庭や地域社会に寄与することをめざす。

2. 共通授業・スポーツ授業・行事の学習目標

〔共通授業（1学年全員が一堂に受ける授業）〕

安心して、こころ豊かに暮らすための知恵や生き方、私たちを取り巻く環境や課題について学ぶ。

〔スポーツ授業〕

心身ともに健康な生活を送るための健康講座と、高齢者に優しいスポーツ実技を通して、生涯スポーツの楽しみ方を学ぶ。

〔行事〕

学生が主体的に企画・立案し、地域交流会や学園祭などを実施し、学生相互の交流の輪を広げ、学園生活を楽しく有意義に過ごす一助にする。

表４－９　ボランティアグループ一覧

マイカー	あかりの会	国際友の会	たまも園
園芸・花	神出自然教育園	茶道	クッキーの会
シルバーケーキの会	人形劇ゆめ	コーロ(混成合唱)	民謡同好会
楽遊(銭太鼓)	フォークダンス	マジック	ハワイアン
大正琴	手話コーラス	新舞踊	男性合唱団
木工	陶芸	絵画	書道
子ども文化	英語点字	ケナフの会	一寸奉仕
ふれあい手話	イベント清掃ぴかぴか隊		

表４－10　クラブ活動団体一覧

山歩	ゴルフ	ペタンク	野鳥と自然観察
卓球	バドミントン	テニス	旅行
有機栽培	歴史探訪	グランドゴルフ	パターゴルフ
ダーツ	エコ旅行	ローンボウルス	スキー
太極拳	銀謡	詩吟	パソコン
英語	短歌	俳句	囲碁
将棋	中国語	川柳	インターネット
ハングル	映画	レコード音楽	SC-NET
器楽合奏	オールディー	写真	歌謡
尺八	うまいもん	社交ダンス	ハーモニカ
絵手紙			

学習方法については、各コースとも、１年は講師による座学が中心であるが、２年になるとタウンウオッチング、グループ学習が増えていって、３年になると、ほとんどグループ学習で編成されている。「行事」では地域交流会（同じ地域に住む大学生同士で地域交流グループをつくり親睦、ボランティア活動をおこなっている）、ジョイラックデイ、各学年とも年３回開催されて、個人単位でなく、ボランティアグループ、クラブの会員でおこなっている。

主なボランティアグループ名を記すと30団体（表４―９）がある。

つぎに、受講料の問題を検討してみたい。平成５年の開校時には年額２万４０００円であったが、その後、５万円に改定された（総合芸術コースは5万6000円)。

ちなみに、近隣のカレッジ料金をみると、兵庫県いなみ野学園(4年制、週1回)は5万円、阪神シニアカレッジ(4年制、週1回)は5万円、明石市あかねが丘学園(3年制、週1回)1万5000円などである。

2 本カレッジの特徴と成果

本カレッジを調査してみて、他のカレッジと比較して、いくつかの点で興味を持ったことがある。それは、他のカレッジでは、あまり取り入れないか、又、あまり力を入れられないことでもあった。それは、とりなおさず、本カレッジの特徴ではないかと思った。

1つは、ボランティア活動の重視である。現代社会は、各界とも、ボランティアは重視されていないところはない。しかし、本カレッジは開校間もない平成8年には、第1回ボランティア大会を開催、在校生600名が参加し、16グループが誕生した。活動を月1回実践する日として、ジョイラックデーを決めた(表4—11に活動実績を示す)。

表４－11　ボランティア活動実績（延べ人数、卒業生含む）[人]

年度	地域交流活動	ボランティアクラブ	グループわ	合　計
21	6,466	6,029	21,444	33,939
22	8,285	14,671	22,186	45,142
23	9,257	15,497	20,376	45,130
24	8,370	15,989	21,703	46,062

表４－12　区別活動実績 [人]

区	平成14年	平成18年
北	241	357
須　磨	147	182
長　田	37	52
兵　庫	61	65
東　灘	57	72
灘	37	52
中　央	47	41
その他	3	6

さらに、ボランティアグループを発展させたＮＰＯ法人社会還元センター「グループわ」の誕生がある（平成９年）。

この団体は、各区毎に分かれて、日常の活動をおこなっているが、活動種目や特定事業の遂行については、全市から集まってきて活動をおこなうという集積性を持っている（表４―12）。

事業内容をみると、以下の如く幅広い。

(1)在宅・施設等の友愛等の支援事業、(2)高齢者・親子対象のパソコン等の指導事業、(3)地域のまちづくり協力等の支援事業、(4)スポーツによる健康づくりの支援事業、(5)環境保全及び啓発事業、(6)外国人への生活助言及び支援事業、(7)生活文化の伝承活動等の事業、(8)公益団体の運営支援事業、(9)ボランティア参加への支援事業。

また、多くのボランティア団体が挑戦しても、なかなか難しい事業もおこなっている。

1. こうべ環境未来館の運営（16年5月から）
2. 須磨一の谷プラザの貸室業務（19年4月から）
3. こども家庭センター夜間休日電話相談業務（17年7月から）
4. いじめ・体罰ホットライン夜間休日電話相談業務（19年3月から）
5. 子どもたちの学習支援活動（17年度から）
6. 小学生の体験学習のための里山整備（21年度から）
7. 昔遊び、日本伝統文化の紹介
8. 東北支援活動（こうべ市民福祉振興協会、シルバーカレッジ連携で4次支援隊派遣）

より詳しい活動内容については、『設立10年記念誌』を出しているので参照されたい（平成16年刊行62ページ）。

第2は、提供する事業内容が多岐にわたり、メニューが豊富であることである。専門授業、共通授業、スポーツ授業、行事とバラエティに富んで、受講者も飽きないように興味が持続する工夫がなされている。

これは、正規の受講者に対するプログラムであるが、それ以外の地域住民に対しては、

表４－13　活動内容

項目	内容
小学校･中学校の支援	登下校の見守り、学校行事の援助、芝生の保全、学習の補助、図書室の環境整備等
保育所、学童等に関わる支援	もちつき、夏祭り、学童保育コーナー支援等
清掃活動･クリーン作戦	河川、駅周辺、公園、登山道等
行政の各種行事等の支援	クリーン作戦、各種フェスタ、まつり行事等
老人･障害者等の施設支援	車椅子介助、施設の遠足の支援、イベント介助等
その他、地域支援等	自治体、老人ホーム等、児童館（伝承遊び、学習支援、親子との交流）、保育所（おはなしの会）等

平成８（１９９６）年から公開講座の開催している（春期、秋期とも全８回、東灘区民センター会場）。平成10（１９９８）年からは、夏期（全４回）も開始するようになった。

３番目は、学習成果の発表に力を入れている。平成８年11月に文化祭を開催して、学習成果を発表したり、実演したりしている。また、卒業式にも学園祭と名乗って１年間の成果を発表している。これは、学園が主催するのではなく、受講者と学園側が連携しての開催である。

４つ目は、ＯＢ会の発展である。平成９年に、１期生が３１９名で発足させた。「地域交流会」は、現役の受講生も入っているからＯＢ会ではないが「地域で社会貢献活動をする」を目的として、小学校区を基本に62の「地域交流グループ」を立ち上げた。主な活動を列挙すると、上記（表４―13）のようになる（前掲の『20年記念誌』14頁）。

活動の人数は、延べで８４００人と記録されている。ここで注目されるのは、ホームグランドが在住の区の小学校であることである。交通費をかけて、遠方に出かけなくても、身近な所で自分の好きな活動ができるのは、何よりも力が入るというものだろう。

最後に、本カレッジの平成18年の成果について考えてみると、6000人という地域活動を先導するリーダーが生まれたことである。

この人達は、市内の町会・自治会・老人会をはじめ、あらゆる組織の支え手として活動している。なかでも、これから高齢者の仲間入りをしてくる団塊世代によき手本を見せてもらえるであろう。

地域活動と同じように、文化やスポーツ活動でも講師になったり、マネジメントのリーダーとして活躍し、住民をサポートする役をしっかりと担ってくれる。

後継者の育成を積極的に働きかけて、つぎの時代の支え手として活躍できるように力を貸すに違いない。

高齢者がこれからの時代は、自助の精神の体現者として、パイオニアとして、地域の人達から信頼されて頼りにされる存在になっていくことは間違いない。

3　生涯学習をめざす老眼大学

本大学の歴史は古く、昭和36（1961）年、6日間の講義方式で65人の受講者で開始。昭和49年、会場を神戸文化ホールに移って、定員を1000人に拡大。平成6年、午前午後の2コース制にして定員3600人に増やした。22年に本大学50周年記念特別講演会を開催した。

現在の開講期間は、3学期制で各学期全8回、年間24回の講座を提供している。会場の関係で講座は、3600名を午前と午後の2つに分けて開催している。申込者は毎年4000人を突破している。（表4―14）

講義内容は、各学期毎にキーワードだけを抽出してみたが、多くの高齢者が興味、関心を示すであろう健康、経済、理想、文学、歴史など多岐に及んでいる。

講師は、全24回のうち、大学教授が16名、団体・行政職員5名、専門家3名と大学教授が圧倒的に多い。講座は月2回の開催で、年間受講料

表４－14　テーマ（平成25年）

1学期	平清盛、旅の楽しみ方、お金、新島八重、源氏物語、日本の愛唱歌、コウノトリ、やさしい食生活
2学期	日本語、風土記、合唱、くすりと健康食品、鐘、オーストラリアの暮らし、認知症と笑い、施し
3学期	モンテニュー、神戸経済、植物、狂言の話、大河ドラマ、ヒット商品、楽しい人生、終活

は５５００円。半期聴講生は３０００円である。

講座と並行して、受講生とＯＢによって構成される「神戸老眼大学会」がある。

この団体の設立趣旨をみると、１時代に遅れぬこと、２楽しく毎日を暮らすこと、３社会のためになることを信条として、「能力開発して社会活動に参加し、生きがいを創造することを目的にする」と書いている。年間行事として、つぎの活動をおこなっている。年会費は２５００円である。
①定例行事：１月新年祝賀会、５月定時総会、10月敬老記念会、文化祭
②例会：教養講座、時事問題の講習会、６月映画会
③旅行会：４月花見の旅（日帰り）、８月納涼の旅（一泊二日）、11月錦秋の旅（日帰り）
メイン活動であるサークル活動は、全部で24あって、17はコミスタこうべを活動場所にしている。これ以外の場で活動しているサークルは7である（表４―15にサークル一覧を示す）。月間の活動数は、活動の活発さを示すバロメーターだと思うが、総数24で、月１回のもの（４）、２回のもの（11）、３回のもの（７）、４回のもの（２）と分布している。２回と３回のものが圧倒的に多い。会費は３カ月で３０００円というものが多いから、１カ月に割ると月１０００円という料金が平均とみることができる。

活動場所であるコミスタこうべは、正式名神戸市高齢者学習センターと言い、昭和55（１９８０）年に市立長田工業高校（定時制）の昼間利用施設として設置された。平成12（２０００）年までの20年間で、年間８万人が利用した。

平成12年９月にコミスタこうべに移り、高齢者の活動拠点として今日に至っている。運営は教育委員会ではなくて、老眼大学と老人体育大学同窓会の委員で構成されるセンター管理委員会でおこなっている。場所は三宮駅から徒歩15分の吾妻通４丁目のところである。

本大学の特徴について、私の意見を書かせてもらうと、１つは、何といっても歴史が古いことである。現在まで53年間つづいている。卒業生の数は、平成６（１９９４）年以降３２００人になっているから、６万人を超えている。その前の人数も加えると10万人近い。これだけの数になると、市全域でＯＢが活動している割合は大変なものだろう。

２つは、修了者が全員リーダーになるわけではなく、多くの人が自分の趣味として、個人的に楽しんでいることだろう。もし、本大学に来ていなければ、趣味を深めることもなく、一緒に活動をする仲間もできなくて、さびしい退職生活を送るだけになったのではないか。

しかし、受講中も修了後も活動は、ますます活発になっていることだろう。

表4－15　★コミスタこうべを活動としているサークル一覧

No	グループ名	活動数	標準曜日・時間	部費（入部金）
1	短歌部	月1回	月曜13:00〜15:00	3ヶ月3,000(1,000)
2	茶道部	月1回	土曜9:00〜16:00	3ヶ月3,000(1,000)
3	写真部	月1回	月曜13:00〜16:00	6ヶ月3,000(不要)
4	謡曲部	月2回	金・土曜10:00〜15:00	年3,000〜3,500(不要)
5	仕舞部	月2回	木曜13:00〜17:00	月2,000(不要)
6	詩吟部	月2回	月曜13:30〜15:30	6ヶ月3,000(1,000)
7	唄う民謡部	月3回	火曜13:00〜17:00	2ヶ月5,000(1,000)
8	フォークダンス部	月4回	火曜10:00〜12:00	3ヶ月3,500(1,000)
9	社交ダンス部	月3回	水・木・金曜13:30〜17:00	3ヶ月4,000(1,000)
10	大正琴部	月3回	火曜13:00〜17:00	2ヶ月3,000(不要)
11	ハワイアンダンス部	月3回	金曜10:00〜12:00	3ヶ月3,000(1,000)
12	民謡部	月4回	土曜13:00〜16:30	1ヶ月3,500(不要)
13	奇術部	月2回	月・水曜13:30〜15:30	6ヶ月3,000(不要)
14	囲碁部	月2回	月・水曜13:00〜17:00	年1,000(不要)
15	南京玉すだれ部	月2回	土曜13:30〜16:00	6ヶ月6,000(1,000)
16	絵を楽しむ会 部	月2回	火曜10:00〜11:30	3ヶ月3,000(1,000)
17	将棋部	月2回	火曜13:00〜17:00	3ヶ月900(1,000)
	◆コミスタこうべ以外で活動しているサークル一覧			
1	書道部	月2回	金曜13:30〜16:00	1ヶ月2,000(1,000)
2	歴史散歩部	月1回	※　不定期に実施	年1,500(不要)
3	コーラス部	月2回	木曜13:30〜15:30	2ヶ月2,500(1,000)
4	歌謡部	月2回	日曜13:00〜15:00	3ヶ月4,000(1,000)
5	日本舞踊部	月3回	土曜13:30〜15:00	1ヶ月4,000(不要)
6	邦楽部	月3回	月曜10:00〜12:00	1ヶ月3,000(1,000)
7	詩舞部	月3回	木曜10:00〜12:00	1ヶ月2,000(不要)

3つは、OB会は10万人近い高齢者が、市内全域で活躍している。教えることの好きな人は一生懸命に各地で指導者になっているに違いない。サークルの運営に力量を発揮して、力のある人を育てていることだろう。

4つは、専用施設を早くから所有したことが評価される。早い時期に市立夜間高校の空いている昼間の時間を使って高齢者施設に転化させたことが高く評価される。自治体の中で最も古いのではないだろうか。

平成に入って、名古屋市が開設しているし、平成24年に静岡市がオープンさせている。これからも施設整備に資金をまわせない自治体は、既存施設の再活用に着目するケースが増えてくる。

第5章　地域の人材育成の課題

一　市民主導の生涯学習活動と施設運営

行政は、予算と人で仕事をするということが、一般的にいわれている。この10数年間の生涯学習状況をみていると、地方予算は平成9年2・8兆円、23年1・5兆円。国は2兆円から1兆円と大体半分になった。人は社会教育施設の専従職員数でみると、平成17年度で5万人、23年4万人と若干減少している。しかし、専門職員では、社会教育主事は6000人から3000人へ、社会教育委員は3・7万人から2・1万人へと削減されている。

これでは、仕事の量は半分になってもしかたがないだろう。だが、実際はそうならないで、講座提供数は16万件から27万件に増えている。受講者数も760万人から1260万になっている。これは、従来の考え方からすると、おかしな数字ということになるが、文科省『社会教育調査』を参照すると、前述の数字になる。

そこで考えられるのは、行政が、新しい手法として、「市民協働」路線を打ち出した効果、住民が行政に代わって住民主導で活動をして、行政の弱体化した面をバックアップしたということの要因であろう。

本稿では、この仮説に立って、施設経営の４原則ともいえる人、もの（施設）金、情報の側面から、10余年で、導入されたり、実践された先進事例を紹介し、成果や実績を掘り下げて、今後どう新しい方策を導入していけばよいかの提案をおこなってみたいと思う。

１　人の変化に関する経過と提案

まず、これまでの経過や動向について述べることにする。

施設を管理運営するには、しかるべき数の職員の配置が必要である。文科省の『社会教育調査』を参照すると主な施設の関連職員の数は、表５―１に示すような状況である。

平成17年と23年を比べると、社会教育施設以外は、人数は減少している。しかも、注目されるのは、専従職員の割合が毎年減っていることである。生涯学習センターは、平成20年から統計を取り始めているが現在でも１０００人台ときわめて少ない。いずれにしても、

表５－１　施設の関連職員の数

区　分	本　課	公民館	図書館	社会体育施設
平成17年	3.5万人	5.6万人	3.0万人	10万人
専任率	71.10%	23.20%	49.80%	19.00%
平成23年	2.9万人	4.9万人	3.6万人	13万人
専任率	66.20%	18.50%	34.40%	13.00%

行政職員の数は、人件費削減のもとに毎年減少していくことは間違いない。地域を問わず住民の学習ニーズは増加していて、学級、講座の増設を希望しているから減少した分を誰が補うかということになる。

それは、行政職員以外に要望されるわけで、それらの人が登場してこなければ、その地域の提供数は明らかに減少し、住民にとってサービス水準が落ちるのはしかたがない。地域や住民のためのボランティアが、どのくらい出てくるかが問われる。

ここで問題になるのは、量(数)よりも質の確保である。行政職員に代わって彼ら以上の能力を発揮し、成果を上げてもらわないと困るのである。私の実践は、平成４（１９９２）年の宇都宮大学生涯学習教育研究センターに着任後、すぐに県や市町村の協力を得て、プログラム作成、講座の運営、終了後のグループづくりなどの仕事をこなせる人材育成講座を1年がかりで開催した。これを皮切りとして、栃木県下、埼玉、東京、神奈川など、数多くの市で、同じ目的で人材育成講座を市主催で開催してもらった。それらの多くの記録は、拙著の中に収録したので参照されたい。

次に、人に関して住民主導を促進させるための提案をしてみたい。

施設運営が行政の直営が難しくなってきたから、ボランティア依頼に切り変えたとしても、ボランティアがその任に答えられなければ、それはできないことは当り前である。

社会教育の長い歴史の中で、住民をそういう方向に持っていくことは、これまでなされてこなかったから、それは、やさしいことではない。私の経験では、長く時間がかかることで、短兵急には運ばないことは確かである。

それ故に、私は機会があると、一年でも早く、人材育成講座を開催してもらいたいと自治体に依頼してきた。人の育成については、地域の生涯学習活動にかなりの時間と労力を出せる人は、子どもの育児を終了した女性と退職したサラリーマンＯＢである。本来、若い学生も期待したいが、就職準備に多くの時間を取られる彼らを地域にひっぱってくるのは難しい。

地域を拠点として活動する人は、当然のことだが、性別、年齢を問わず、多様なキャリアとノウハウを持っている。活動への意欲も投入できる時間も皆違っている。こうした人達を、同じ会場で、３カ月なり6カ月なり、５週でも10週でも一堂に会して、同じことを学ぶことの効果は大きい。講座終了後のＯＢ会は、各自の持てるパワーを合力として活用すれば、かなりの事業が可能であろう。

例えば、厚木市では、毎年春季と秋季で各々60講座が市民講座として開催されている。これは、すべて行政が提供したら、講師料（300万円）、運営料（職員人件費1000万円）などの税金が必要である。しかし、住民主導のリーダー会が運営しているから、市の出費は、市民講師養成講座の費用だけである。これと同じ方式は、相模原市、立川市などでもおこなわれている。市が運営スタッフを養成して生涯学習センター丸ごと運営委託しているのは小田原市で講座提供、学習相談、情報の収集と提供などすべてをNPOが受けている。これらの先進事例に学ぶことは多いだろう。

2　新しい施設運営方策の導入と提案

社会教育施設を新設するということは、この10年間で、図書館、生涯学習センターなどで若干みられたが、大勢としては、行政の姿勢は、「箱ものには予算も出せない」の言葉どおり新設されなくなった。施設の運営についても、従来、公設公営が常識であったが、行政職員の定員削減のもとで公設民営、ボランティアの活用など新しい運営方式が台頭し

表5－2　主要施設でのボランティアの数

平成	公民館	図書館	博物館	社会体育施設	合計
17年	29	7	3	6	59
23年	23	11	3	7	55

（単位：万人）

てきた。

この20～30年前には、自治体は、職員のＯＢ対策も含めて財団、事業団を作って、管理運営を委託した。しかし、平成15年、地方自治法の改正により、委託先を株式会社やＮＰＯ、民間団体に拡張した「指定管理者制度」が導入されて、委託先も急速に変わってきた。

一方では、ボランティアは、平成に入って急増したが、近年は表5―2のように主要施設で横ばいに転じているように思われる（文科省『社会教育調査』平成23年版）。

生涯学習センターは1・6万人という数字である。行政としては定員削減した職員の代わりとして、住民に担当してもらう以外に術がないわけで、公民館、図書館、博物館などで受付とか資料整理をしてもらっていることが多い。これは、職務を遂行するのに特別な学習とか研修などは不要で、ボランティアの時間や作業を必要とする。

しかし、講座を企画したり、運営をおこなうことを依頼するとすれば、しかるべき研修が不可欠で、前述のように、私は知り合った自治体に人材養成講座の必要性を説得し、講座を開設してもらうことに力を入れた。どこの自治体でも修了後、修了者は数年たって力をつけて立派に職務を果たして、市民大学、自主講座を立ち上げている。

次に施設運営に関する提案をおこないたい。

住民主導の施設運営は、生涯学習関連施設では、歴史が浅いが、コミュニティ行政の分野では、古くからおこなわれていた。昭和40年代に旧自治省のモデルコミュニティ制度の補助を受けて、昭和47年に兵庫県明石市は、中学校にコミュニティセンター（コミセン）を開設し、13校すべての開設が終わると、小学校（28校）に平成4年までかけて全校に開設した。

ここでは、運営は、市の直営ではなく、校区の町会、自治会、老人会、婦人会、スポーツ団体が住民協議会を組織して、運営費用を市から受託し運営を担当した。全国的に広く普及したコミセンは、この方式を採用してローコストで運営している。生涯学習施設も、最近になって、この方式を取り入れる市が出てきた。例えば、立川市は従来の公民館（6館）を学習館と名称変更し、従来の行政職員を引き上げて、住民協議会に運営委託して、講座提供など従来以上の利用者を集めている。

表５－３　行政と住民の役割分担

区分	従来型運営方式		これからの運営方式	
	行政	住民	行政	住民
予算	◎	○	○	◎
事務局	◎	○	○	◎
プログラム企画	○	◎	○	◎
人材（講師など）	○	◎	○	◎
会場・施設	◎	○	◎	○
機器・機材	◎	○	◎	○
広報	◎	○	○	◎
受付	◎	○	○	◎
運営	◎	○	○	◎

この方式の普及は全国的にまだそれほど普及していないようであるが、相模原市の公民館（旧市23館）は、利用者協議会を組織して、行政職員が企画する講座とは別に、独自の講座を提供したり、イベントを開催している。数年前に第1号がスタートし、23の市内公民館で、協議会をつくる動きが拡大している。

大規模な生涯学習センターで現在、指定管理者への委託が進行中である。元受はビルメン業者とか、イベント受託をコンペで取るケースが多い。これらの企業は、本業に関しては、しかるべきノウハウを持っているが、現状では、講座提供、修了生のグループ化、学習相談などについては弱いという企業もある。そこで、長い間地元で活動してきた住民の学習団体とジョイントできないかと働きかけているが、現実はそれほどスムーズに話は運ばない。

3　予算金銭面に見る変化と改善のポイント

従来、公設公営で施設運営をしていたが、近年、どこでも、施設は何らかの形で民間、住民の力を借りて運営するようになってきている。事業を外部に委託すれば、間違いなく職員人件費が削減できる。受託者は、多くの場合、発注者のいい値で事業を遂行するから、委託した事業の質が若干落ちて、成果が多少減ったとしても、あらかじめ計画されていた目標値（回数、参加人数、定員の確保など）は達成されることになるだろう。

受託者は、これを守らないと契約違反で、事業費の返還という手痛い損失を覚悟しなければならない。住民団体は民間経営という営利団体ではないが、近年力をつけた団体は行政から事業委託を受けることが増えてきている。多くの団体が行政とのかかわりの経過で、メンバーは無償ボランティアとして、働いてきた。

私は、こうした場合、無償ボランティアに甘んじていることの理由を考える。プロ意識の欠如とか、地域貢献に無償というたてまえ感が強いのだろうと思う。

地域では、こうした考えをする人が多いので、活動して時間と労力とノウハウを提供し

表5－4　行政の社会教育予算

区　分	平成9年	平成23年
学校教育費	15	13
社会教育費	2.8	1.3
総　　額	19	16

（単位　兆円）

表5－5　社会教育費の内訳

公民館	図書館	博物館	社会体育施設
2,100	2,800	1,400	4,000

（単位　億円）

ても、収入を得ようという人が少ない。

このことは、一見すると、行政も経費を負担しないで済むし、団体のリーダー達も、配分をめぐって争いもないし、受注にあたって、コスト面で行政との交渉が楽である。

この観測は、表面的な見方でホンネでいうと、ボランティア団体内にも、金銭をめぐるおもわくはたくさんあるが、あえて表面で課題にしないのである。活動が本当に活発化しない理由は、この辺にある。

これからは生涯学習の中核を担う退職者が年金だけでは生活できない時代になってくるから、収入獲得の方策としてボランティア活動は新しい局面に入ってくる。

次に事業の金の面についての提案をしたいと思う。行政の社会教育予算は、前述の『社会教育調査』によると、平成9年と23年で表5―4のように減少している。

社会教育費の内訳では表5―5のようになっている。

住民の学習ニーズが高くなって、退職者が増えて、余暇時間が多くなると、人は学習活動や社会参加活動をする割合が高くなる。

本来、これらの要求に答えるためには、職員と予算は増やさなければならない。しかし、現実は、税収の減ったことによって、学習関連予算は、かなり減らされているのである。

このように減少した学習提供の機会として、講座、学級などを誰がカバーするか。

それは、受益者たる住民しかいないわけである。事実として、平成11年と20年を比較すると、講座、学級は16万件から27万件に増加している。この増加分は、住民が自ら企画運営したものである。私もかかわった厚木、立川、小田原、相模原のように、行政に代わって住民が企画運営したのである。

予算的には、行政からの補助や委託のあったものもあるだろうが、多くのケースは、行政からの援助なしに、自分達で参加者から受講料を取って、講師料や会場費をねん出して学習講座を提供しているのである。

行政に代わって、住民が事業をおこなう場合、これまでは無償の形態がほとんどであった。しかし、近年、交通費などの実費もかかるし、レベルを向上させるための資料代、研修費などを考慮すると、有償を希望する人が増えてきている。年金プラスの収入源にしたいという考え方は当然であると思われる。

4　情報面での住民の台頭と支援の方向

生涯学習分野の情報収集と発信は、10年前位までは、行政が一手にやっていて、住民も民間の出番は、きわめて少なかった。平成3年のバブル崩壊後も、バブル時代に潤沢な予算を使った数多くの生涯学習情報センターや情報コーナーがオープンした。しかし、バルブの崩壊と共に、そのブームは終了し、多くのセンターやコンピューターを使った情報システムが開店休業になった。

その後も、自治体の広報予算は減少し、一時流行したカラー版の分厚い『ハンドブック』や『ガイドブック』は廃止された。従事していた行政職員は配置転換になり、大幅に業務は縮小された。

これに代わって、新しく取り入れられたのが非常勤職員とボランティアである。社会教育施設職員の非常勤化は、この10年間で急速に進んでおり、各施設別の割合は既述の通りである。ボランティアについては、経費としてはゼロで各地で、すばらしい内容のものが発行されてきている。まさに住民の知恵と趣味も活かされた内容になっている。例えば、八王子市の生涯学習コーディネーター会に所属する人が作成した情報ガイドは、小冊子ながら、講座編などは、市内で開催される講座を月別、時系列別に編集して、実に読みやすく作られている。これはマスコミでも注目されて、写真入りの記事として紹介された。

町田市生涯学習センターは、機関誌の編集を、公募の市民委員に依頼して、年6回、A4判で46頁だての『生涯学習NAVE』という情報誌を出している。これは、講座の案内、イベントカレンダーをはじめとして、市民委員の体験レポートやコラムも掲載されていて、行政職員が作る広報誌と違って読みものとしても、市民に喜ばれている。まさにボランティアの特徴が活かされている。

では情報をめぐるこれから大切になる事柄を述べてみることにしたい。

現在でも社会教育施設で業務の必要性に対応して、職員が関連情報を収集し、必要に応じて会報やチラシなどの紙媒体やホームページなどで発信している。経営学の言うマネジメントの4原則の中で、「情報を制するものが、経営のすべてを制する」のように、現代社会の中では、最も重視される項目になってきている。

しかし、非営利組織においては、情報の価値は、以前とあまり変わりなく、金も手間もかけているところは、それほど多いとは思えない。行政は、とにかく予算不足で、施設の機関紙や市広報も有料の広告を掲載する状況になっている。たいした収入になるわけでないのだが、こうしたことも実施しなければならぬほど財政は厳しいと住民にアピールしている。

私も情報の重要性は、十分に理解しているつもりだが、ネット検索に多量の時間と労力をかけて、所有することができた情報で、どの程度の価値を生み出せるのか、時々疑問を感じることがある。多くの人が、実に多くの時間を検索に使っている。情報を得ることによって疲れてしまって、それを使って何かをすることが少なくなっているのではないかと思えてならない。改めて問うまでもなく、情報は、情けある知らせで、それを知ったことを利用して行動を起こさなければ価値を生み出さないと思う。

行政は、そこまで入り込むことができないから、住民のグループや集まりで、優れた情報の活用者や熟練者が、後進の者に手を取って教えたり、グループワークをおこなって初心者を楽しますことが大切であろう。これはオールドメディア、ニューメディアに限らず住民どうしでグループを形成し、身につけていくことが効果的であろう。中核は、市町村レベルの集団も活動を深めていくために広域でネットワーク化し、ノウハウを交換していけば、活動もより活発化するに違いない。

二　高齢者の生きがい就労の動向と今後の期待

私は高齢者の余暇研究に長く取り組み、高齢者が退職後に与えられた使い切れない余暇時間を、晩年の人生の充実にどう活用していったらよいか考えてきた。数年前からは、働くことも余暇の充実につながり、超高齢社会の到来で、高齢者は余暇を楽しむとともに、新しい仕事を持ってそれに従事することも、自らの課題とする人が増えてきた。幸い平成22（2010）年度に、私の問題意識に合った調査研究として、健康・生きがい開発財団「高齢者の生きがい就労の機会創出に関する調査研究」（老人保健事業推進等補助金）の研究メンバーとして依頼されたため、全国から300事例を収集し分析作業をおこなうことができた。

内容は、雇用労働者として職を得るのではなく、自己雇用も含めて「生きがい就労」と

表５－６　具体的事例の内容

1.支え合い活動 若者へのカウンセリング、子育て支援、高齢者の見守りなど
2.趣味 旅行、カラオケ、手芸、工芸、陶芸、俳句、囲碁、園芸など
3.健康、スポーツ 体操、ウォーキング、ハイキング、ゲートボール、水泳など
4.生産、就業（起業を含む） 高齢者がおこなう専門的業務、軽作業、農業、サービス業など
5.教育、文化 教養講座、読書会、演奏活動、子供会の育成、郷土芸能の伝承など
6.生活環境改善 環境美化、緑化推進、まちづくりなど
7.安全管理 交通安全、防犯・防災など
8.福祉、保健 在宅高齢者の介護・家事援助、友愛訪問、施設訪問など
9.地域行事、自治会 祭りなど地域の催しものの運営など
10.その他

出典：内閣府「いきいき人生」（2011年）の分類を引用

いう新しい働き方の形態や内容を知るため、作業としては、それが可能となる社会参加活動団体を探すことからスタートし、内容を分析した。この新しい働き方は現状では数が少なく、レベルは、多様なものが併存している。しかし、これから成熟が期待されるので、ここで一文にまとめておきたいと思う。

高齢者の新しい働き方

収入の獲得という点を重視すると、高齢者の生きがい就労の動向と今後の期待から高齢者の生きがい就労の多くの事例（団体）が、経理面の数字をあまり外に出さない意向が強く、実態把握が難しくなる。私達がおこなった調査は、３００事例を集めることが要求されていたた

図5－1　地域における就労・社会参加スタイルのイメージ

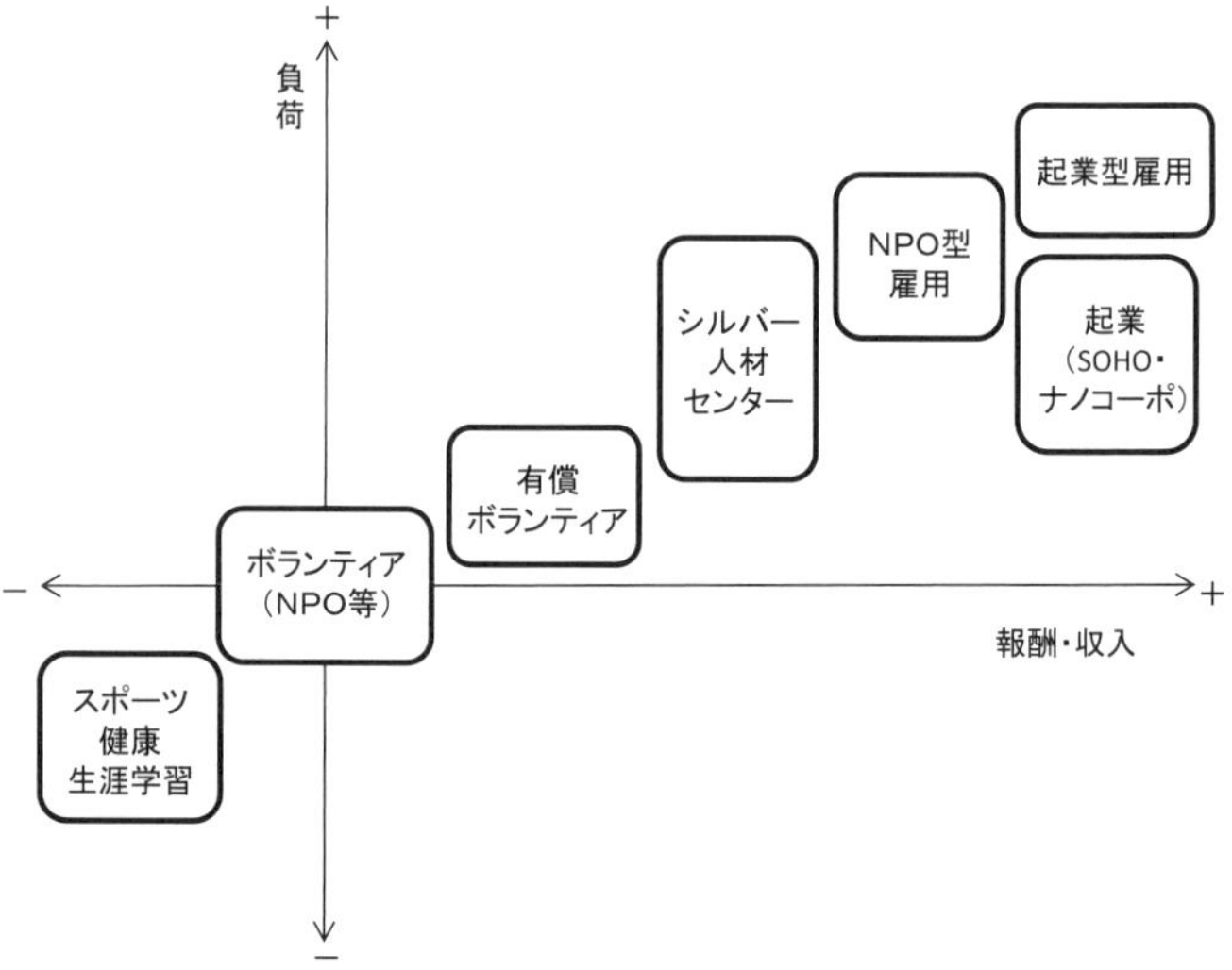

参考）社会福祉の増進に寄与する民生委員・児童委員による社会参加の方法もある。
注）統計データに基づく正確な位置付けを表すものではなく、あくまで議論の素材として大まかなイメージを示したものである。
出典：厚生労働省「生涯現役社会の実現に向けた就労のあり方報告書」2013年

め、ネット検索のほか新聞、雑誌、各種報告書、白書などの活字情報と、首都圏の現地調査により目標数を把握することができた。しかし、諸般の事情で、対象にアンケートやヒヤリングをおこなうことはできず、ネットやメディアに掲載されている情報を集計して実態の把握に努めた。

高齢者の社会参加活動の類型について、内閣府の分類法を参照すると、表5―6のようになる。これらの活動は、「友人、近所づきあい」、「趣味・けいこ（生涯学習）」、「ボランティア活動」、「就労」と、個人の活動目的に応じて、さまざまな形態をとることになる。

本稿では、収入をともなう新しい働き方に着目して、この分類には入っていない項目として「生きがい就労」という新しい言葉を導入してみたい。厚生労働省では、すでに高齢者の「生きがい就労」という言葉を使っているが、就労というと、どこかに採用されて働く、つまり被雇用者になるという意味が強いと考えてしまいがちである。

そこで、あえて被雇用者になるのではなく、仕事を自ら作り出して働くという意味をこめて、「生きがい就労」といいたいのである。私の考えでは、それは有償ボランティアと起業の間に位置づけるとよいと思う。横軸の収入面では、働くことによって、しっかりと収入を得る。しかし、企業型雇用のように、多くの収入は得られない。おこづかい程度の収入で十分と考えている人が多い。

退職後の主たる収入は、あくまでも年金に置いている。しかし、年金が衣食住に関する生活を支える収入源とすると、余暇、旅行、ゆとりなど余裕を持った暮らしをするには、若干のプラス収入が必要になる。人によって、この金額は異なってくるが、高齢者は、自分にとって理想的な暮らし方をするために必要な収入を獲得しなければならない。

全国各地でさまざまな人が、個人として起業するだけでなく、いろいろな組織・団体をつくり、仲間に加入してもらって、収入確保の仕事に従事している。私は平成21（２００９年の時点で、前述の方法で全国から３００の事例を収集したが、それらの詳しい実態・特徴については、すでに報告書としてまとめられているので、それを参照してもらいたい（健康・生きがい開発財団による前出報告書、２０１１年）。

報告書では、社会参加活動の具体的類型、団体名、団体の種類、開設年、会員数、売上高（年間収入額）などを集計しているが、ここでは、収入面に注目して、団体の特徴を描いてみたい。この分野は、きわめて新しい取り組みであり、各団体は、生き残りと発展をかけて激しく競っており、それだけに変化が著しい。以下の分析は、数多い社会参加団体の中から有償に力を入れている団体を選び、活動歴は比較的新しいことをことわって、その実相を描くことにする。

新しい働く場としての社会参加団体

各団体の売上高（年間収入）に注目した理由は、新しい働き方により、高齢者は年間もしくは月間でどのくらいの額を稼ぐことができるのかを、少しでも明らかにするためである。結論からいうと、その金額は、余暇、旅行、ゆとりを演出するには、まだまだ必要な金額には届いていない。「生きがい就労」は、全国的にまだ始まったばかりでノウハウが確立していない。よくいえば発展途上で、多くの可能性を秘めて現実と闘っている姿が見てとれる。

表５—７に、私が把握・集計した結果をまとめた。全国３００事例のなかから、年間売上高の多い順にリストを作成している。ここでお断りしなければならないのは、アンケート調査をおこなっておらず、売上高は、前出の情報源からの引用である。私たちの情報検索にさまざまな片寄りがあり、一部の情報しか収集できていないが、個別の団体を洗い出して、調査することは至難の技であることはいうまでもない。将来的には、厚生労働省や各都道府県、政令市などがエリア内の新しい働き方をしっかりと把握し、個別の団体、組

表5－7　年間売上高が多い団体

名称	所在地	業務内容・業種	従業者数	年間売上高
①㈲ありあけの里	熊本県	地元生産品販売		5億円
②㈱いろどり	徳島県	料理のつきもの販売	177名	3億円
③㈱三州足助公社	愛知県	食料品製造販売		1億円
④心の居酒屋	東京都	居酒屋チェーン展開		8000万円
⑤協同組合ワーカーズ・コレクティブ	北海道	組合員が事業展開		6000万円
⑥NPO法人八王子レクリエーション協会	東京都	各種レッスン事業	7名	2700万円
⑦NPO法人山口県アクティブシニア協会	山口県	各種シニア支援、人材育成	100名	2400万円
⑧㈱BSコーポレーション	大阪府	転職サイト運営	11名	2000万円
⑨NPO法人ふぁみりー・ねこの手	広島県	小物づくり。みそなど食材	8名	1900万円
⑩NPO法人しゃらく	兵庫県	介護つきパック旅行		1400万円
⑪NPO法人ひょうご農業クラブ	相生市	コミュニティ施設運営	44名	1300万円
⑫ゆとろぎ共同事業運営市民の会	東京都	生涯学習センター管理運営	6名	1300万円

織にしかるべきアンケート、ヒアリング調査をおこない、数字を把握してもらいたいと思う。これによって、ある程度、正確な数字をつかむことができる。

収集した約３００事例を売上高順にリスト化して、わかったことをいくつかコメントしたい。年間1億円以上の事例は3団体。収入源は、３団体とも地元の食材を使った商品の生産・直販であった。６位以下は多彩な事業をおこなっている団体が並んでおり、学習講座などのレッスン事業、人材派遣、地元食材の製造販売、コミュニティ施設・学習施設の運営受託などがみられる。

いずれにしてもこれらの団体は、収入を獲得することによって高齢者を採用し、高齢者は自分の好きな時間と職種を選び就労する。多くの人は短時間働きたいと希望しているが、これは前述のように、年金が主たる収入源となっているためであり、生きがい就労の収入は少額でよいと思っている人が多い理由による。

以上の考察は、売上高が判明した団体について当てはまるものである。残念ながら３００事例のうち売上高がつかめない団体が圧倒的に多いため、限定された考察にすぎない。

そこで３００事例の全体的傾向についてわかったことを明らかにしたい。まず、団体の具体的類型を多い順に並べてみた。

生産・就業41件
福祉・保健28件
生活環境改善23件
教育・文化20件
支え合い12件

団体の種類について、ネット検索の数字では、ＮＰＯ５％、任意14％、株式11％、協同組合など６％、財団２％となっており、近年はＮＰＯがますます増えている。開設年については、昭和13件、平成１～９年20件、10～19年１１０件、20年以降７件と圧倒的に平成10年代が多く、20年以降の団体が少ない。これは情報収集の時期が１～２年間と少ないためで、実際には20年以降に多くの同種団体が生まれていることは間違いない。次に会員数については、以下のようになっている。
30人以下23件
31〜50人14件
51〜99人14件
100〜199人29件
200人以上12件
合計しても90団体と、全体数に比べて多くないため、正確な分析はできないが、一つの傾向として把握してもらいたい。
社会参加活動団体のなかで、無償ボランティアだけでなく、有償ボランティアやスタッフとしての就労に力を入れていると思われる団体を探すことを目的として以上のような考察をおこなったが、これだけでは詳しい実態の把握は難しいため、私が日頃から接触の度合いが強い、首都圏の4市（八王子、町田、相模原、小田原）を選んで、事例研究をおこなった。
その概要をまとめると、全体で130件を抽出したうち、具体的類型は、生活環境改善

35件、福祉保健34件、生産・就業22件、教育・文化20件、支え合い活動11件。団体の種類については、ＮＰＯ95件、任意団体31件で、この2件以外の数は不明であった。開設年については、昭和11件、平成1～9年20件、10～19年81件、20年以降10件、会員数では、30人以下74件、31～50人9件、51～99人10件、１００人以上3件という状況であった。

ここでは、全国的な検索結果と、首都圏4市の検索結果があまり変わらないことに気づく。ということは、全国的に首都圏の都市と全国の各市を比べて大きな違いはないと受けとめられる。こうした分野で大都市が先を歩み、地方都市はひどく遅れているということはないと思えた。

活動の効果と成果

「生きがい就労」についての先進的研究に取り組んでいる東京大学高齢社会総合研究機構は、「生きがい就労」が個人と社会に対して、どのような効果があるかを提案している。個人に対しては、「生きがい・自己実現」、「健康増進」、「収入・生計維持を通して、ＱＯＬ（生活の質）の向上」の3つをあげている。また、社会に対しては、「労働力の向上」、「知識・スキルの継承」、「納税者の拡大」、「消費の拡大」、「社会的孤立問題の解消」の5つをあげている（同機構編『2030年超高齢未来』東洋経済新報社　2010年）。

同機構は、主に千葉県柏市の豊四季台団地において、市・UR都市機構などと連携して、都市型農業、コミュニティ食堂、移動販売・配食サービス、学童保育、生活支援事業などに取り組んで成果をあげている。私もこうした具体的な働き方を探すため、前述の八王子、町田、相模原、小田原でヒアリング調査をおこない、130件の具体例を抽出した。活動分野としては、すでに述べているように、生活環境改善（35件）、福祉・保健（34件）、生産・就学（22件）が多かったが、どのような活動をして収入を得ているのか知るために、130件を分類すると、次のような内容となった。

①サービス提供40件
②各種支援活動22件
③施設管理運営21件
④教室、研修会、講座18件
⑤イベント、発表会16件
⑥物品販売13件

4市の130件の活動について詳しい内容の紹介は誌面の関係で省略するが主なものの

概略を表５―８に紹介する。

４市・１３０事例の概略しか記すことができないが、いずれの事例も高齢者は無償のボランティアではなく、有償のスタッフとして活動をおこなっている。現状の年間収入は限られた金額となっており、主たる収入は年金である。年金にプラスして、余暇や趣味、ゆとりある生活を送る資金としての収入が得られればと希望して、高齢者たちは活動している。

私は、こうした活動をおこなっている高齢者の集まりに努めて出席するようにして、無償ボランティアの働き方とどこが違うかを観察し、活動者の声を聞かせてもらっている。

両者の違いがはっきりとわかるのは、活動歴に出てくる。無償の場合、５年を超えて１つの団体に所属し、活動する人はまことに少ない。多くは3年くらいでやめている。ところが、有償の場合は、健康や家族の理解が得られるならば、５年でも10年でも続けている人は珍しくない。最初の時期は、交通費を支給されるだけでもありがたいといっていた人が、少し経つと小遣いがほしいと思うようになり、金額にこだわるようになる。これは活動にともなう責任感と義務感の発露であり、私は好ましいことと考えている。

「生きがい就労」という新しい働き方を希望する退職者は、これから団塊世代を中心に本

表５－８　八王子他３市のヒアリング調査

1.サービス提供
レンタルボックス、雑木林の整備、視覚障碍者のガイド・ヘルプ、治験、骨量測定、園芸療法、ゴミ削減と資源化、リサイクル運動、森づくり、観光バス駐車場の管理、障害者の車送迎、無農薬農業
2.各種支援活動
保育サポーター、海外ボランティアに対する後方支援、起業家の育成支援、太陽光発電の普及、パソコンの技術指導、観光ボランティア、住環境の改善アドバイス、キッズ・エイド、病児サポート
3.施設管理・運営
喫茶店の運営委託、通所介護施設の運営、市営公園受託、地域包括支援センターの指定管理、障害者の作業所、コミュニティカフェ、山村の保全、森の再生、環境保全型農業の展開
4.教室、研修会、講座
ヘルパー研修、わくわく発想塾、合気道教室、日本語教師入門講座、自己表現合宿、観光ガイド養成、コミュニケーション能力開発、環境教育、シニアサポート育成
5.イベント、発表会
ひな祭りコンサート、元気の出る歌の集い、クラシック演奏会、出張コンサート、歌謡ショー、各種スポーツ大会、ダンスの会、楽器演奏会、音楽・洋舞の会、音楽プログラムの提供
6.物品販売
農産物の販売、惣菜づくりと販売、食事サービス、配食サービス、フリーマーケット、リサイクル製品の販売、ガレージセール、車椅子の修理・再生、スイーツの通販

格的に増えていく。個人としては勝負できるスキルを磨いていく必要がある。また、仕事を提供する行政・ＮＰＯは、短時間の仕事など受入れ条件を整えることに力を入れてほしいと願っている。

三　内閣府のエイジレス章と社会参加活動章

平成26年度は、自治体等から推薦されてきた１０８名、96団体の中から各々65名、56団体を選考した。エイジレスは平成元年からスタートで、これまでに１１０４名、社会参加は６５１団体が選定された。本稿ではエイジレス事例の特徴や傾向について、性別、年齢、職業、類型、開始時期などについて、集計して考察してみることにしたい。

つづいて、社会参加活動事例について、事例区分、グループ等の母体、構成員数、開始時期、行政の関与などについても特徴や傾向を描いてみたい。ここで明らかにしたいのは、主として客観的に捉えた定量的な特徴や傾向である。活動の内容については千差万別で詳しい内容については、内閣府発行の『エイジレスライフ及び社会参加活動事例集』（平成26年度版）を参照し、読者の関心のある部分を読んでもらうことをお願いしたいと思う。

表5－9　数の多いベストテン

	都道府県	合計	平成26年		都市指定・中核市	合計	平成26年
1	山口県	47	4	1	北九州市	21	0
2	宮崎県	43	1	2	横浜市	13	1
3	東京都	37	2	3	京都市	11	1
4	鳥取県	30	2	4	福岡市	6	0
5	福島県	29	2	5	さいたま市	5	0
6	富山県	25	2	6	名古屋市	5	0
7	兵庫県	25	0	7	広島市	4	0
8	長野県	24	1	8	大阪市	3	0
9	愛知県	24	1	9	千葉市	3	0
10	福岡県	24	0	10	仙台市	3	0

1　エイジレス・ライフ実践者の特徴と傾向

エイジレスライフ章は、平成元年からスタートし、平成26年で１１０４人が認定された。これだけの数になると、自治体によって認定の多い所と少ない所の差が生じてくるのは、しかたがないことだろう。都道府県と政令都市別に集計したところ、以下のような傾向になった。

認定数は、人口の大小に関係なく、西が多く、東が少ない（１５０対１１５）。都道府県の合計３０８に対して、政令都市・中核市は少ない（３０８対74）。ここでも西高東低（50：24）と都道府県と同じ傾向である。この違いはどうして発生するのか、地域によって活動の質に高低があるのではなく、恐らく、自治体の住民へのＰＲ効果によって違いが出てくるのではないかと考えられる。

表５－10　年齢

年齢層	人数
65～69歳	1
65～69歳	5
65～69歳	20
65～69歳	22
65～69歳	17

表５－11　活動時期

年代	人数
昭和	15
平成1年～5年	9
平成6年～10年	15
平成11年～15年	18
平成16年～20年	7
平成21年～25年	1

表５－12　職業

職業	人数
元会社員	17
元公務員	13
元教員	12
自営	7
主婦	12
福祉、介護	4

エイジレスライフ章に決定した65人の活動開始時期を集計すると、表５―11のように平成11年～15年が18人、昭和期と平成６年～10年が各々15人と多い。平成16年以降は８人とはるかに少なくなる。

活動歴については、開始３年以内は、基本的なノウハウを身につけるのに一生懸命にならない時期で、多くの人が地域に貢献するとか、住民をサポートするということは難しい。

それ故に、決定者が少なくて当然ということが指摘できる。活動歴が10年以上、20年以上の人が半数以上を占めていて、最も活動歴の長い昭和期から活動している人は15人と全体の３割近くを占めていて、地域の中核的なサポーターになっているように思われる。ブロック別の考察をしてみたいが、人数が各々少ないのでそれは難しい。

まず、決定した人の属性について、性別と年齢について集計してみた。性別では男性39名、女性26名と男性の方がかなり人数が多い。ブロック別での特徴としては、東日本で男性が多い。例えば北海道・

東北のように4人対1人、関東・甲信越9人対2人となっている。それに対して西日本は、近畿3人対5人、中国・四国6人対7人、九州3人対5人などの数字になって、女性優位となり、興味深い結果が出ている。

年齢については、65歳～74歳の前期高齢者が6人に対して75歳以上の後期高齢者が59人と圧倒的に多い。一般的には、前期に比べて後期は、さまざまな活動状況が低下して不活発になると言われている。しかし、決定者については、前期に対して後期の人が10倍も活動していることに驚かされる。

ブロック別では、80代の活動率が高いのは、関東・甲信越8人と3人（70代）、中国・四国10人と3人のブロックである。80代の活動は関東・甲信越では男性、中国・四国では女性が担っているように思われる。

職業については、元会社員（17人）、元公務員（13人）、主婦（12人）が多い。公務員が多くなっている理由は、関連団体の分野で郵政退職者9名を集計上で公務員に位置づけているためである。

地域ブロック別では、数が多くないので明確なことは言えないが、関東・甲信越では、巨大都市東京があることから、会社員が6人と多い割合になっている。近畿で教員が5人と多いのは、偶然の結果であろう。毎年この割合が高いわけではない。自営の中に農業を入れていることは明記しておきたい。

エイジレス・ライフ実践事例の類型（平成23年／26年の数）

A：過去に培った知識や経験をいかして、それを高齢期の生活で社会に還元し活躍している。（20／26）

B：自らの時間を活用し、近所付き合いや仲間うちなどでの支え合い活動に積極的に貢献している。（15／8）

C：中高年から一念発起して、物事を成し遂げた。（5／9）

D：壮年期において達成した地位や体面などにとらわれることなく、高齢期を新しい価値観で生き生きと生活している。（10／2）

E：自らの努力、練習等により優れた体力・気力等を維持し活躍している。（4／1）

F：地域社会の中で、地域住民のリーダーやコーディネーター的な役割を発揮し、生き生きと生活している。（6／16）

G：その他、広く全国に紹介することがふさわしいと認められるもの。（0／3）

活動類型については、全体でAが26人、Fが16人と人数が多い。第3位でCが9人、第

4位でBが8人とつづいている。逆に少ない類型として、Gの3人、Dの2人、Eの1人となっている。ブロック別の集計もおこなってみたが、人数が少ないので明確なことは言えそうもない。あえて、言えば北海道と東北、関東・甲信越、九州などでAの割合が高く、中国・四国でFの割合が高くなっている。

平成23年と26年で、累計の特徴に変化がないかと集計をし直してみたが、若干の変化は読みとれた。

増加傾向にある項目として、A、C、E、Gがみられるし、逆に減少している項目にB、Dがある。増加している項目に共通していることは、社会への貢献度合が明確になっているように思える。反対に、減少しているのは、貢献をしていることは、増加傾向の項目と同じであるが、貢献の度合で、努力目標がそれほど高めなくても、自然体でとりくめば良いという違いがあるように思う。

2 社会参加活動事例の特徴と傾向

社会参加活動事例は、平成6年からスタートし、平成26年までで651団体が認定され

表５－13　社会参加活動事例のベスト10

	都道府県	合計	平成26年		指定都市・中核市	合計	平成26年
1	山口県	36	4	1	北九州市	14	3
2	石川県	30	1	2	さいたま市	9	1
3	東京都	22	5	3	横浜市	5	1
4	兵庫県	21	0	4	広島市	5	2
5	愛媛県	19	1	5	仙台市	4	0
6	熊本県	17	1	6	姫路市	4	0
7	大阪府	17	1	7	福岡市	4	0
8	岩手県	16	1	8	京都市	3	1
9	静岡県	16	0	9	神戸市	2	1
10	北海道	15	1	10	松山市	2	1

た。エイジレス・ライフ実践者と同様に、自治体別に集計してみると、都道府県では、どちらも山口県の首位は変わらないが、その他の自治体は両者とも兵庫県が上位を占めている他は、ほとんど共通性は見られない。

エイジレス・ライフでは、西高東低が見うけられたが、こちらでは91対99と少しだけ逆転して東の県が優位である。ここでも大都市圏の数が多いとは限らない。むしろ、地方の方が数が多い。

指定都市、中核市はエイジレス・ライフと同様に、都道府県と比べると、ベスト10で集計しても、２１９対38団体と大きい差が出ている。やはり、活動の質によるのではなく、ＰＲ効果などが違って、両者の間で違いが出てくるのであろう。指定都市に比べて、中核市のベスト10入りは、松山市など例外ということになる。

社会参加活動事例について、「区分」、「グループ等の母体」、「開始時期」、「行政の関与」、「構成人数」について集計して、特徴を描いてみることにする。まず、「区分」については、以下の10分

表５－14　社会参加活動の事例区分

（件数）

No	具体的事例 内容	平成23年	26年
1	支え合い活動 （若者へのカウンセリング、子育て支援、高齢者の見守り）	3	12
2	趣味 （旅行、カラオケ、手芸、工芸、陶芸、俳句、囲碁、園芸など）	7	9
3	健康、スポーツ （体操、ウォーキング、ハイキング、ゲートボール、水泳など）	4	7
4	生産、就業（起業を含む） （高齢者が行う専門的業務、軽作業、農業、サービス業など）	0	0
5	教育・文化（教養講座、 読書会、演奏活動、子供会の育成、郷土芸能の伝承など）	7	12
6	生活環境改善（環境美化、緑化推進、まちづくりなど）	2	13
7	安全管理（交通安全、防犯、防災など）	1	0
8	福祉、保健 （在宅高齢者の介護家事援助、友愛訪問、施設訪問など）	4	6
9	地域行事、自治会（祭りなど地域の催しものの運営など）	3	2
10	その他	0	5
合計	――――――	31	56

類をとっている。

平成23年と26年を比較すると、全体の件数で31件と56件と2倍近い数が増えている。増減を見てみると、4倍に増えているのが1支え合い活動で3件から12件になっている。3健康、スポーツも4件から7件とほぼ2倍に増えている。5教育・文化も7件から12件と伸び率は大きい。減少している分野は、1つだけで9地域行事、自治会が3件から2件になっている。もともと数が少ないが、この数字からは、こうした伝統的な分野が人気がないように見える。

逆に、前述の支え合い活動のような新しい分野が3倍に達するほど高齢者の注目を集め、活動者が増えていることがわかる。改めて事例区分について多いものと、少ないものを分類してみると、前者の事例として1、2、3、5、8の5区分があり、逆に後者の事例として4、6、7、9、10の5事例がある。この割合は平成23年と26年とでほとんど変わっていないようである。

区分について、ブロック別の集計をおこなってみたが、全体数56件が10分野に分かれてるから、1分野の数は当然ながら数が少ない。そのことも関係して、ブロックごとの特徴を見出すことは、ほとんどできなかった。あえて言えば、関東甲信越で1と2がそれぞれ3件ずつでやや多く、中国・四国で1と8が各々4件と多く、九州で5が4件と目立っている。

つぎにグループ等の所属については、以下の4分類で集計をおこなってみた。

無：31件、住民団体・サークル：10件、社会福祉協議会等：8件、老人クラブ連合会：7件、合計56件。

この数字をみると、「無」が31件と半数以上に達している。この項目は事例の性格を見るために、データとして取っているが前述のように半数以上が「無」ということで、母体がなく、自分達のグループは、行政の呼びかけ講座修了生の団結、教室のＯＢ会などで、自主的に立ち上がったものが大半である。したがって、母体が存在しないということが大半になって当然であるともいえる。したがって、母体として「サークル、住民団体」、「社会福祉協議会」、「老人クラブ連合会」となっていても、両者の結びつき方は、それほど強いという関係ではない。
あえて言えば、「無」という存在が強いように思う。よしんば母体があったとしても、資金援助、会員の獲得などの関係はほとんどないと見て間違いないだろう。多くの上位団体も、日常活動に追われていて、援助、支援はできないのである。
開始時期については、集計結果で以下のような数値である。
昭和期：7件
平成1～5年：7件
平成6～10年：6件
平成11～15年：15件
平成16～20年：18件
平成21～25年：5件
最も多いのは、平成11～15年が15件、平成16～20年が18件となっている。開始後20年間というものは少なく10年から15年という団体が多い。
グループ・団体の成熟度について、10年が1つの目安になっている。10年持ちこたえると、リーダーが成長、事業レベルの向上、外部資金調達、会員数の増加、会員の役割分担の明確化など、団体は組織として安定する。

決定された多くの団体がこういうレベルに到達している。団体の歴史は、成長成熟がある一方で衰退消滅もあるけれど、特に高齢者団体は、メンバーも役員も高齢者である。1年1年と加齢していくわけで、加齢にともなって、健康を害し、病気になる可能性は高くなる。

したがって、よほどリーダー層の継承が円滑にいかないと、団体の維持は難しくなる。昭和期、平成一ケタの団体数が多くないのは、こうしたことが関係しているであろう。ブロック別の集計もおこなってみたが、団体数が全体で56件と少ないので、明確なことは言えない。特に言えば、近畿で平成11〜15年（3件）、関連団体（6件）。16〜20年で近畿（3件）、関連団体（6件）が目立っている。

行政の関与については、以下の結果となっている。

1．財政支援：平成23年8件／平成26年9件（以下同様）、2．共同で実施：2／3、3．職員の派遣：0／0、4．事務所の提供：0／0、5．活動場所の提供：5／10、6．その他：0／8、7．関与なし：16／25、合計：31／56。

全体56件のうち、7の「関与なし」が25件と約半数を占めている。つづいて関与の強いのは5（10件）、1（9件）、6（8件）である。この4分野以外になると3件、1件などきわめて少なくなる。行政の関与は、このように高いものと、ほとんど関係のないものが明確に分かれている。

活動団体にとって、一番必要なのは、「5．活動場所の提供」と「1．財政支援」である。「財政支援」は、この20年間をみても、恐らく、金額は半分以下に減っているであろう。これからも自治体の税収不足で減額傾向に歯止めはかからないであろう。したがって「活動場所の提供」は自治体にとって、最後の支援策になる。しかし、近年の財政難で、いわゆる「箱もの」の投資はできなくなってきている。

現在、存在する施設をいかに有効に団体に貸していくか、が問題である。施設の新規建設はないという状況だから、深刻な問題が各地で起ってきている。近い将来、各団体も行政施設が使えない時代もやってくる。その時、住民団体は、どう活動していくかが大問題になる。

表5－15　構成人数

No	構成人数	団体数
①	10人以下	2
②	11～30人	22
③	31～50人	13
④	51～99人	9
⑤	100人以上	10

決定団体の構成人数は、②11～30人を頂点として分布しているが、⑤100人以上というものが10件とやや多く出ている。本来は、団体の

適正規模として、11人～100人が考えられる。本年は「板橋グリーンカレッジOB会」（868名）、「芦屋国際ローンテニスクラブ」（494名）など、特に大きな人数の団体がみられるので、例外とみることもできる。

先述のように、団体の人数は多ければよいというものではない。大事なのは、活動の質である。

100人以上の団体の場合、活動を活発にしていくには、サブグループとか団体内サークルという形をとることが多い。サブグループが活発に活動して、会全体をもり上げることが一般的である。ブロック別の集計もおこなってみたが、特に顕著な特徴を指摘することはできない。

四　生涯学習によるコミュニティの構築

平成26年10月、千葉県東葛飾地区社会教育連絡協議会の社会教育振興大会（本年度担当鎌ケ谷市生涯学習振興課）から「コミュニティの再構築」を演題にした講演を依頼された。私にとって、コミュニティの構築は、昭和50年代から引きつづいているテーマの1つであるので、これを機会に、最近の状況について、リサーチをおこなって講演の内容を組み立ててみた。

コミュニティの問題は、昭和40年代に旧自治省、経済企画庁などが補助金を出して、自治体に推進をはかったこともあったが、その後、自治体で独自に振興をつづけたのは数少ない。私は、幸いにも、東京都コミュニティ問題研究会、八王子市コミュニティ振興会などで、仕事を継続することができた。以下では、これまでの自治体の推進経過、新しく取り組んでいる状況、推進の課題や打開策について、まとめてみることにしたい。

１　これまでの取り組み状況

(1)コミュニティの定義と必要性

・国民生活審議会の定義によると、「生活の場において、市民としての自立性と責任を自覚した個人及び家庭を構成主体として地域性と各種の共通目標をもった開放的で、しかも構成員相互に信頼感ある集団」となって、この定義は、たいていの所で引用されている。

・コミュニティづくりの必要性としては、住民の構成、新旧住民の融和、住民意識、連帯感の高揚、人間性の回復などがあげられている。

・旧自治省モデルコミュニティ（昭和46年）は、全国から指定をおこなって、30カ所程度に予算処置をした。その中で西の明石市か東の三鷹市と言われるほどに、両市が熱心に取り組んで有名になった。自治省の助成は３カ年で終了したが、いくつかの市はその後も、市が独自に取り組んだ。

(2)明石市

表5－16　明石市コミュニティ活動の推移

	講座数	参加者数	利用者数	サークル数
平成10年	220	1万人	180万人	1200
平成20年	160	5千人	90万人	500

・昭和49年～平成16年、中学校（13）と小学校（28）にコミセン開設。体育館の改築（2階建）、プレハブ教室を設置して、運営は町会・自治会・婦人会・老人会など住民協議会に委託した。

・最盛期（平成10年～平成13年）住民の意識はかっては、・近場志向・小中学生の利用・初級入門であったが、近年では・遠距離でも良い・レベルの高い内容や中央センターが要望が強くなった。

・平成19年になると、生涯学習センターを駅前再開発ビルにオープンさせた。高齢者には、あかねが丘学園（シニアカレッジ）3年制、年間35回を開設し、園芸、生活福祉、ふるさと（30人前後）の学科で講義と実習をおこなった。（昭和56年にオープンし、これまでに3000人が卒業）

(3)三鷹市（人口18万人）、武蔵野市（14万人）

昭和49年コミセン第1号（大沢）開館3000㎡開館し、平成5年7つ目駅前全地区に完成。（人口2～3万人に1カ所設置）

運営は住民協議会に委託（構成団体は明石市と同じ）して、市受託金3200万円（施設管理）、市助成金4300万円（施設運営）を出した。施設の面積が大きいので運営費が高額になるのは当然のことである。

事業内容は部屋貸し・講座・教室・リーダー養成・グループ、サークルの活動拠点などである。

最近の問題点としては固定化・高齢化・マンネリ化など対策が難しい事柄が起こってきている。

新しい事業としては、以下のものが取り組まれている。

・地域のケアセンタ・子育てサロン
・コミュニティーカフェ事業（みんなの広場、空き店舗を貸借、リフォーム）
・ＮＰＯによる弁当、障害者団体のクッキー　年間利用者２１８５名（平成24年度）
・サロン事業　年間１２４回（親子で遊ぼう、読書会、江戸小話、など）
・快老プロジェクト（井の頭地域包含センター、など）
・一人暮らし高齢者の安否確認、傾聴（傾聴士養成45人）、見守り
・人材育成「地域・福祉ファシリテーター」
・自助、共助、公助に加えて顔の見える近助

武蔵野市はモデルに指定されなかったが隣接しているので市独自に、昭和46年「コミュ

ニティ構想」を策定、市を8地区（コミュニティ住区）に指定して、昭和51年コミセン第1号開館800㎡を開設、その後、現在までにすべての住区に完成。住民協議会による自主運営。サークルを中心に各館集会、教室を運営。公民館を含む社会教育施設は作らなかった。しかし、平成23年、武蔵野プレイス（生涯学習センター）を中央線武蔵境駅前の民間ビルのテナントとして開設した。

2　地域コミュニティの再構築

歴史的に有名なこれまでの取り組みをざっとみてきたが、現在進行中の事例を取り上げてみることにしたい。

(1)住民主体の運営

①立川市（人口18万人）

平成19年にこれまでの市内6館の公民館を廃止して、地域学習館開設。職員をゼロにし、住民協議会に全面委託した（市民力でつくる生涯学習、学びから地域貢献、知縁の形成）。運営は市民のボランティアが組織した推進委員会（講座部会、情報広報部会、総務部会）

がおこなっている。

講座数（平成21年）全市を対象とした「市民交流大学」と地域ブロック対象の学習館提供のものがある。主催者別だと住民43件、団体24件、行政２０４件と圧倒的に行政提供のものが多い。

収入は交付金４１６万円、受講料１３０万円、補助金18万円となっていて、支出は委員会95万円、講師料２７５万円などである。

②相模原市（人口72万人）

公民館（旧市内23館）公設公営（職員４名）で長く運営してきたが、数年前に改革し職員１名、非常勤指導員３名の体制に変えた。近年、いくつかの公民館の住民利用者協議会を設立し、住民主導の講座を提供しはじめて、全市的に拡がっている。

総合学習センター（生涯学習部）平成20年開設し、「学びのらいぶ塾」という講師養成塾（全10回）を開講し、修了者に講座開講を依頼。12講座からスタートし、現在年間40講座を提供するようになった。講師料は住民の受講料で賄い、市の出費は、養成講座の費用のみ（清見潟方式）で、市の予算はほとんど使われなくなった。

③厚木市（人口22万人）

輝き厚木塾（平成17年スタート）は、講師募集、養成講座（全8回）をおこなって、厚木塾の講師になるには必須条件とした。講座募集をおこない、講座開講をする。毎年前期・後期の各60講座（平均3～6回）。市内の8公民館で開催したが、26年4月、駅前に生涯学習センターをオープンさせ、大部分の講座は、ここで提供している。

④小田原市（人口20万人）

平成8年　きらめき小田原塾　登録市民教授145名　34名が講座開講　受講者420名。

平成12年　生涯学習推進員養成講座開設　推進員の会（OB会）NPO化。

平成23年　生涯学習センターの運営受託（講座提供、学習情報の収集と提供、学習相談、イベント開催など）。キャンパス小田原 年間100講座。

(2)地域づくり

①沼津市（人口20万人）

昭和54年、市内すべての公民館（11）に地域推進委員会（10の部）を作ってもらい、地域活動づくりを開始、モデルは大岡地区。

予算957万円。市委託312万円、町会連合会助成248万円、青少年育成46万円、体育協会14万円、広報91万円、青少年51万円、教育文化24万円、体育部１２３万円。

・教養講座（有料）月額３０００円、14教室・文化祭・体育祭

現在は、地域推進委員会は地域振興会（事務局は公民館）に名称変更し、自律を強めて地域づくり拠点となってきている。担い手は生涯学習推進員、３０００所帯に１人以上配置、任期２年、市内に40人を配置している。

平成５年「まちの識者」（各館指導員）スタート１８３名登録、派遣。

②魚津市（人口４・５万人）

平成23年「自治基本条例」を県内初として策定（地域協働課）し、平成26年３月「市民参画・協働指針」策定し、公民館を中心にコミュニティづくりを開始。・運営委託（13地区運営協議会）・地域振興会に事業費を助成（80万円）・コミュニティ作りのための事業計画を作成。

平成25年11月、活動記録の展示、舞台発表、シンポジウムを開催した。

協働のまちづくりは情報共有・参画・協働の三本柱を重視して、住民の人材育成に力を入れている。「地域づくりサポーター養成講座」(平成26年６月から３月まで全４回。職員、指導員対象)。「市民協働コーディネーター養成講座」（平成26年12月から３月まで全４回。

住民対象)。「女性リーダー養成」。

3　地域づくりの課題と活発化対策

コミュニティを中心とする地域づくりの課題は、以下の5項目というのが一般的であろう。

(1)人
活動に参加する人の不足
活動をサポートする人の不足
講師は不足していないが、質の確保

(2)もの(施設)
公共施設の供給不足、老朽化

(3)金(資金)
活動費の不足(会費収入のみで活動している団体が大半。活動のための外部資金を導入している団体は極めて少ない)

(4)情報
収集、整理、発信に関わる労力の不足
会報が出せない
ホームページの更新が難しい

⑸システム　　円滑に動く運営システム
　　　　　　　役員と会員の意欲の違い
　　　　　　　人材の適切な配置

以上のような課題を十分に認識し、団体内で共有化し、地域づくりのために活性化対策を考えてみたい。その第１歩は人に関する課題の克服である。人に関する問題は多岐にわたるが、サポーターを取り上げてみたい。

⑴サポーターとして活躍するために

①一般市民の意識啓発

地域活動に関心を持ったり、自分もしなければ、という意識を持つ人は少ない。市民の立場で隣近所、サークル（同好会）、団体などで活動を通じて、やる気を持ってもらうようにする。この役割を正当化するために、市の講座の修了生に資格付与を与える。

②日常活動の場で活躍する

多くの受講者は、日頃の活動の中でサークル、団体に所属していると思う。その場で一人一役をこなしていることであろう。自分の興味、特技を活かして活動することで、活動を通して多くの市民と連帯する。活動を通してしか人間の成長は図れない。

③講座修了者としての役割

修了者のOB会などを組織して市民の地域活動への参画を促進したり、活動を深めたりすることに尽力する（例えば八王子市の場合、平成15年から高齢者コーディネーター養成講座を実施。修了者の会を組織し、高齢者の登録講師を施設団体に派遣する仲介業務を委託。その他、会員の作品展も開催）。

④サークル（同好会）、団体活動の支援

市内には、各種のサークル、団体が数多く存在する。多くの組織は、活発に活動しているが、活動が沈滞したり不活発に落ち入っているものもある。こうした組織に対しても、援助ができる人材に育てていく必要がある。

⑤メンバーの自己研鑽

身の周りの団体や活動を通して知り合った人達に対して、支援していくには、何といっても本人の力量が問われる。それ故に、修了者達は常に活動支援のノウハウを磨き、自分の持っている特徴を出して活動に関わっていくことが大事である。常に学ぶ人でありたいものである。

(2)活動場所の確保

①小中学校の利用
・放課後こども教室、学童保育などを通して、大人が学校に出入りできる学校開放とセキュリティの問題。
②空き店舗
・シャッター通りの活用
・コミュニティカフェ（子どもの英会話教室、ダンス）
③信金の利用
・多摩信金、西武信金
(3)金（資金）
・外部資金の導入
助成財団センター（３０００団体）０３―３３５０―１８５７各自治体も各課で導入
申請書を締切までに提出、面接、審査。（ここでも労力が必要）
(4)情報
・紙媒体、ネットも大事だが、人との交流がより大事。（他流試合のすすめ）
・人脈の拡大・口コミ

4　地域の特性を活用した生涯学習の推進

まず推進の考え方は、以下の点をポイントに考えたい。かつての学習だけの活性化だけでなく、拡大されて、近年の傾向として、地域づくりが重視されるようになってきている。

①地域づくりの目標（住みやすい　働きやすい　文化的　自然が豊か）
②シンボル　自慢　誇りに思うものの発掘　強みの発見
③地域づくりの条件
　住民の役割：余暇問題　少しの金　やる気　知識と技術
　行政の役割：組織づくり　条件整備　情報の収集と提供　リーダー育成
　グループ・団体の育成

つぎに地域づくりの方法について、私が長年言いつづけているのは以下の点である。

①力を分散させない
②優先順位
③内外のＰＲ

④学識経験者
⑤住民の協力
⑥住民主導
⑦受益者負担
⑧表彰
⑨出場の準備

ここにきて、国がコミュニティの復活をふたたび提案するようになってきたことが注目される。例えば文科省を例にすると、中央教育審議会「教育振興基本計画」平成25年度基本的方向性の成果指標として、以下のことを提案している。

①全ての学校区において、学校支援地域本部など学校と地域が組織的に連携・協働する体制を構築
②コミュニティ・スクールを全公立小中学校の１割に拡大
③住民等の地域社会への参画度合いの向上
・地域の行事に参加している児童生徒の割合の増加
・地域の学習や活動に参画する高齢者数の割合の増加

・社会教育施設におけるボランティア登録者数の増加
・学校支援・放課後等の活動に参画した地域住民等の数の増加
④全ての学校、社会教育施設で運営状況の評価や情報提供を実施
⑤全ての市区町村に総合型地域スポーツクラブを設置

思い起こしてみると、国のコミュニティ政策は、活発な時とそうでない時期がある。既述のように、昭和50年代前半に非常に活発な時期があった。この機会に私自身の関わりも少し書き留めておくことにする。もともと余暇研究から出発した歩みが、48年のオイルショックで「余暇どころではない」という流行語のもとで火が消えて、脱出口を求めていて、その回答の1つがコミュニティの創造であった。

当時かかわっていた財団にも、委託研究が何本も入り、私もいくつかの省庁や自治体から研究委員の依頼があいついだ。これを好機と捉えて各地の実践例を取材したり、リサーチして、調査報告や論文を書いて著書に収録した。(『コミュニティの文化開発』学文社昭和55年、『市民文化とコミュニティ』全5巻 大明堂 昭和60年~平成1年)

多くの研究者がコミュニティを研究し、地域づくりへの方策を検討したが、結論は英語のコミュニティが日本語にならないように、実体の導入は難しいということであった。

コミュニティが地域社会と訳せないのは、構成員の意識の違いのようである。一定の地域に住みつき暮らしはじめた人は、地域住民の１人ではある。だが、多くの人が地域に愛着を持って、隣人と一緒に協働して、暮らし良い地域にしていこうという意識を共有しているとは限らない。日本の場合、多くの人は、そうした意識は持っていなくて、さまざまな経済条件や思い付きで居を構えることがほとんどである。

暮らしやすい生活を確保できるのは所得の向上、行政の力をたのみにしている。これがクリアされれば長く住もうという意識が少ない人が多い。人々は、良い条件を求めて、いくらでも移転をする。常々現在の住所は仮の姿として考えている。ここからコミュニティ形成を求めるのは無理ということになる。どうしたら、この当たりの意識改革をはかるのか。

このテーマを長いこと考え、自分のできることをやってきたが、どこへいっても、それは難しいことであることがわかる。しかし、そういう担い手を求めて探し、勉強会を企画し、実践活動をする生き方は習性なので、これからもつづけていくことになるだろう。

著者紹介

瀬沼克彰（せぬま・よしあき）

東京都八王子市生まれ。横浜国立大学社会学科卒。国際基督教大学大学院修士課程を経て、青山学院大学大学院教育学研究科博士課程修了。人間科学博士（早稲田大学）。財団法人日本余暇文化振興会主任研究員、財団法人余暇開発センター理事、文部省生涯学習局社会教育官、宇都宮大学生涯学習教育研究センター副センター長、桜美林大学生涯学習センター長・教授を歴任。現在、同大学名誉教授、内閣府エイジレスライフ実践者等選考委員長、財団法人富士社会教育センター理事、NPO 法人全国生涯学習ネットワーク顧問。

主な著書に『余暇の動向と可能性』『現代余暇論の構築』『定年なき余暇活動』『余暇プロジェクト』『余暇事業の戦後史』『余暇の生涯学習化への挑戦』『生涯学習事業の最前線』『生涯学習と地域ルネサンス』『生涯学習の活性化対策』『地域の生涯学習を革新する』『生涯学習時代の到来』『団塊世代の余暇革新』『元気な市民大学』『超団塊世代の余暇哲学と実践』『人気を呼ぶ！協創・協働の生涯学習』『まちづくり市民大学』『生涯現役の社会参加活動』『生涯学習「知縁」コミュニティの創造』『生涯学習「次」の実践』『地域をひらく生涯学習』ほか多数がある。

現住所〒 192-0051　東京都八王子市元本郷町 3-5-20

生涯学習《しょうがいがくしゅう》まちづくりの人材育成《じんざいいくせい》

2015 年 5 月 19 日　第 1 刷発行

著　者　瀬沼克彰《せぬまよしあき》

発行者　落合英秋

発行所　株式会社 日本地域社会研究所

〒 167-0043　東京都杉並区上荻 1-25-1

TEL　(03)5397-1231(代表)

FAX　(03)5397-1237

メールアドレス　tps@n-chiken.com

ホームページ　http://www.n-chiken.com

郵便振替口座　00150-1-41143

印刷所　中央精版印刷株式会社

ISBN978-4-89022-160-8